ÂYETÜ'L-KÜRSÎ

derleyen
CEMÂLNUR SARGUT

Nefes Yayınları

NEFES

ÂYETÜ'L-KÜRSÎ
ISBN: 978-605-5902-42-1
İlk Baskı: İstanbul, Haziran 2013
Son Baskı: İstanbul, Eylül 2013

KİTAP YAYIN NO: 37
KUR'ÂN-I KERÎM ÇALIŞMALARI: 04

METİN GRUBU: Meral Hasırcı, Nazlı Kayahan, Neşe Taş, Zeynep Gencer
EDİTÖR: Çiğdem Yazır
KAPAK TASARIMI: Hümanur Bağlı
SAYFA DÜZENİ: Semanur Bal

BASKI/CİLT: Pasifik Ofset Ltd. Şti
Cihangir Mah. Güvercin Cad. No: 3/1
Baha İş Merkezi A Blok Kat:2
34310 Haramidere / İstanbul
Tel: (212) 412 17 77
Sertifika No: 12027

NEFES YAYINLARI
Bağdat Cad. Güzel Sok. A Blok No:11/2
Selamiçeşme / Kadıköy / İstanbul
Tel: (216) 359 1020 Faks: (216) 359 4092
www.nefesyayinevi.com
irtibat@nefesyayinevi.com
/nefesyayinevi
@nefesyayinevi
KÜLTÜR BAKANLIĞI YAYINCILIK SERTİFİKA NO: 15747

ÂYETÜ'L-KÜRSÎ

derleyen
CEMÂLNUR SARGUT

Nefes Yayınları

ÖNSÖZ

Hocam Kenan er-Rifâî Hazretleri'nin sabah ve akşam gün aydınlanmadan ve gün kararmadan altışar kere bütün yönlere okuyup, son cümlesini de altı kere tekrarlattığı bu mühim ve koruyucu âyet, ömrüm boyunca beni en etkileyen ve hayatımı yönlendiren âyetlerden biri olmuştur.

Yüce Rabbimin izniyle, bu âyeti çalışmak şerefine nâil olduk. Öğretmenlik meşrebiyle de duyduğumuzu, öğrendiğimizi paylaşmanın zevkini hâl etmeye çalıştık. Âyetin vücutları maddî mânevî yapılandırdığına îman etmemek mümkün değil.

Allah'ın sonsuz mânâsı hakkında derin bir okyanusta yüzercesine zevklenmek, anlamaya çalışmak ve sevgiliyle meşgul olmanın lütfuyla lütuflanmak, çalışma dönemimizin unutulmaz anlardan oluşmasına sebep oldu. Bazen öğrendiğimiz bir kelimenin, bir cümlenin bizi hâlden hâle soktuğunu gördük. Cemâl cenneti hakkında fikir edindik.

İhlâs Sûresi'nin açıklaması gibi olan bu zırh ile Allah, bizi hıfzetsin inşallah.

Âmin

Cemâlnur Sargut

İÇİNDEKİLER

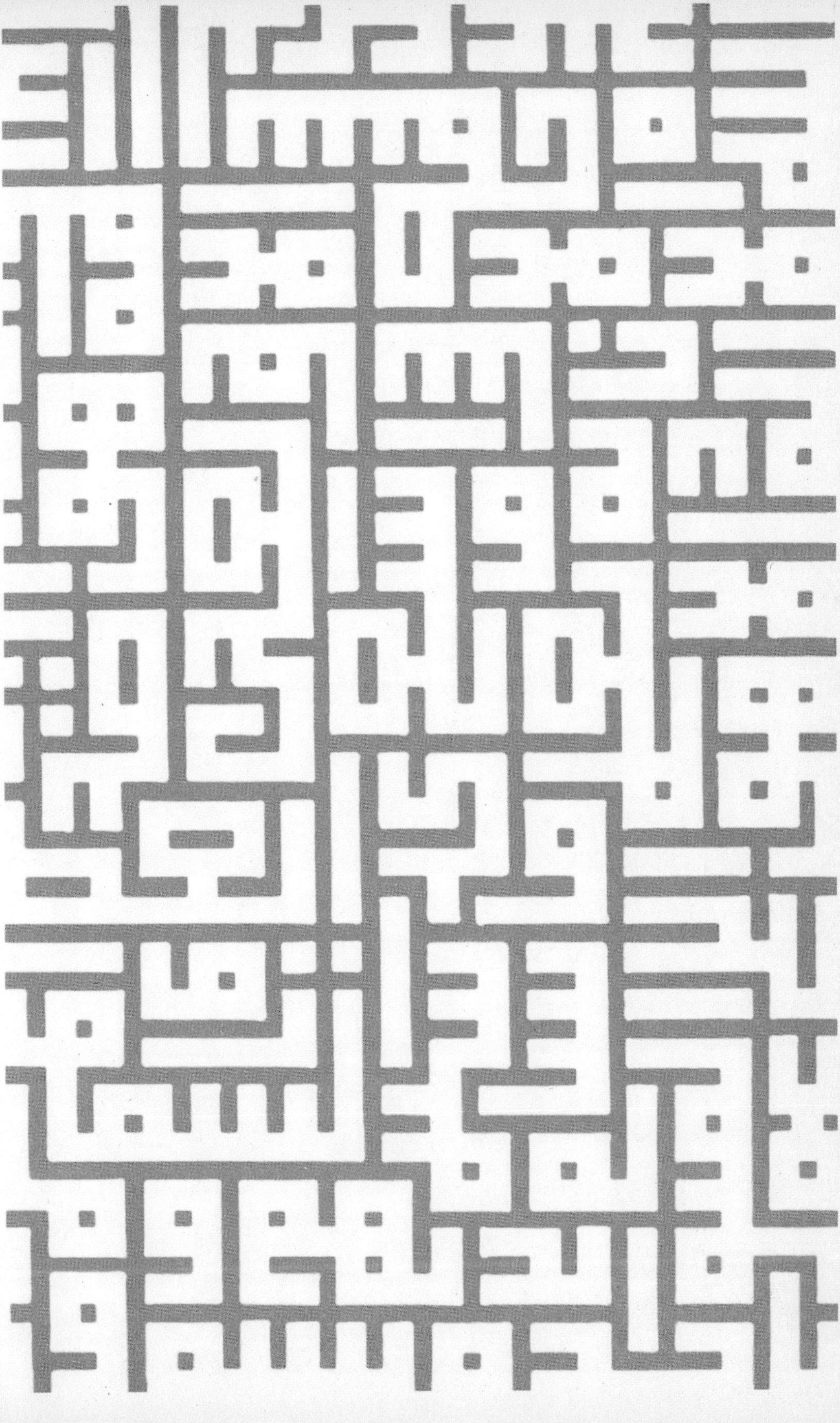

ÂYETÜ'L-KÜRSÎ

Âyetü'l-Kürsî ile İlgili Âyetler

"Şüphesiz Rabbiniz Allah, gökleri ve yeri altı günde yarattı, sonra Arş üzerine hükümran oldu. O, geceyi durmadan onu kovalayan gündüze bürüyüp örter; Güneş, Ay ve yıldızlar emrine âmâdedir. İyi biliniz ki yaratma ve emir O'nundur. Âlemlerin Rabbi olan Allah ne yücedir." A'râf, 54

"Eğer aldırmazlarsa onlara de ki: Bana Allah yeter. O'ndan başka ilâh yoktur. Ben O'na dayanmaktayım ve O, büyük Arş'ın Rabbidir." Tevbe, 129

"Rabbiniz o Allah'tır ki, gökleri ve yeri altı günde yarattı, sonra Arş üzerine istivâ etti (onu hükmü altına aldı), işi tedbir eyliyor. O'nun izni olmaksızın hiç kimse şefâatçi olamaz. İşte Rabbiniz olan Allah budur. O'na ibâdet ediniz! Hâlâ düşünüp ibret almayacak mısınız?" Yûnus, 3

"O, öyle bir Allah'tır ki, hanginizin daha güzel amel işleyeceğini imtihan etmek için gökleri ve yeri altı günde yarattı. Arş'ı da su üstündeydi. Onlara 'öldükten sonra tekrar dirileceksiniz' dersen, o kâfirler de kesinlikle sana: 'Bu apaçık bir sihirden başka bir şey değildir.' diyecekler." Hûd, 7

"Allah O'dur ki, gökleri direksiz yükseltti, onu görüyorsunuz, sonra Arş üzerine istivâ etti, Güneş'i ve Ay'ı emrine boyun eğdirdi. Her biri belli bir vakte kadar akar gider. Bütün işleri O yönetiyor. Âyetleri O açıklıyor ki, Rabbinizin huzuruna çıkacağınızı iyi bilesiniz." Ra'd, 2

"(Ey Muhammed!) De ki: Eğer dedikleri gibi Allah ile birlikte ilâhlar olsaydı, o zaman bu ilâhlar Arş'ın sahibine bir yol ararlardı!" İsrâ, 42

"O Rahmân (kudret ve hakimiyetiyle) Arş'a hakim oldu." Tâ-Hâ, 5

"Eğer yer ile gökte Allah'tan başka ilâhlar olsaydı, bunların ikisi de muhakkak fesada uğrar yok olurdu. O halde Arş'ın Rabbi olan Allah, onların vasfetmekte oldukları şeylerden (bütün noksanlıklardan) berîdir, münezzehtir." Enbiyâ, 22

"'Yedi kat göklerin Rabbi, azametli Arş'ın Rabbi kimdir?' diye sor." Mü'minûn, 86

"Mutlak hâkim ve hak olan Allah, çok yücedir. O'ndan başka ilâh yoktur. O, bereketli Arş'ın sahibidir." Mü'minûn, 116

"Gökleri, yeri ve ikisinin arasındakileri altı günde yaratan, sonra Arş'a hükmeden Rahmân'dır. Haydi ne dileyeceksen o her şeyden haberdar olandan (Rahmân) dile." Furkân, 59

"(Halbuki) O büyük Arş'ın sahibi olan Allah'tan başka tapılacak yoktur." Neml, 26

"Allah O'dur ki, gökleri, yeri ve ikisi arasındakileri altı günde yaratmış, sonra Arş üzerine istivâ buyurmuştur (hakim olmuştur). Sizin için O'ndan başka ne bir dost vardır, ne de bir şefâatçi! Artık düşünmeyecek misiniz?" Secde, 4

"Meleklerin de Arş'ın etrafını kuşatarak, Rablerine hamd ile tesbih ettiklerini görürsün. Artık halk arasında hak ile hüküm icra edilip 'âlemlerin Rabbi Allah'a hamdolsun' denilmektedir." Zümer, 75

"Arş'ı taşıyanlar ve onun etrafındakiler, Rablerinin hamdiyle tesbih ederler ve O'na inanırlar. İman etmişler için de şöyle bağışlanma dilerler: Ey Rabbimiz! Rahmetin ve ilmin her şeyi kuşatmıştır. O, tevbe edip senin yoluna uyanları bağışla, onları cehennem azâbından koru." Mü'min, 7

"O dereceleri yükselten Arş'ın sahibi Allah, o buluşma gününün (kıyâmetin) dehşetini haber vermek için kullarından dilediği kimseye emrinden ruh (melek) indiriyor." Mü'min, 15

"Göklerin ve yerin Rabbi, Arş'ın Rabbi onların nitelendirdikleri şeyden münezzehtir, yücedir." Zuhruf, 82

"O'dur ki gökleri ve yeri altı günde yarattı. Sonra Arş üzerine istivâ etti (hükümran oldu). Yere gireni, ondan çıkanı, gökten ineni, ona çıkanı bilir. Nerede olsanız O sizinle beraberdir. Allah yaptıklarınızı görmektedir." Hadîd, 4

"Melekler de onun etrafındadır, O gün Rabbinin Arş'ını bunların da üstünde sekiz melek yüklenir." Hâkka, 17

"O elçi güçlüdür, Arş'ın sahibinin yanında çok itibarlıdır." Tekvîr, 20

"Arş'ın sahibidir, yücedir." Burûc, 15

Âyetü'l-Kürsî ile İlgili Hadisler

"Ravi Ebû Hureyre (*r.a*),

Hz. Peygamber (*s.a.s*) şöyle buyurdular: 'Her şeyin bir şerefesi var. Kur'ân-ı Kerîm'in şerefesi de Bakara Sûresi'dir. Bu sûrede bir âyet vardır ki, Kur'an âyetlerinin efendisidir: Âyetü'l-Kürsî.'"[1]

"Ravi Ebû Hureyre (*r.a*),

Resûlullah (*s.a.s*) beni Ramazan zekâtını muhafazaya tayin etmişti. Derken kara bir adam gelerek zahîreden avuç avuç almaya başladı. Ben derhal kendisini yakaladım ve: 'Seni Resûlullah'a (*s.a.s*) çıkaracağım.' dedim. Bana: 'Ben fakir ve muhtaç bir kimseyim, üstelik üzerimde bakmak zorunda olduğum çoluk-çocuk var, ihtiyaçlarım cidden çoktur,

1 Tirmizî, ***Sevabul-Kur'an*** 2, (2881)

şiddetlidir.' dedi. Ben de onu salıverdim. Sabah olunca, Hz. Peygamber (*s.a.s*): 'Ey Ebû Hureyre! Dün akşamki esirini ne yaptın?' diye sordu. Ben: 'Ey Allah'ın Resûlü, bana şiddetli ihtiyacından ve çoluk-çocuktan dert yandı. Bunun üzerine ona acıyarak salıverdim.' dedim. Resûlullah (*s.a.s*): 'Ama o sana muhakkak yalan söyledi. Haberin olsun, o tekrar gelecek!' buyurdu. Bu sözünden anladım ki, herif tekrar gelecek. Binâenaleyh onu beklemeye başladım. Derken yine geldi ve zahîreden avuçlamaya başladı. Ben de derhal yakaladım ve: 'Seni mutlaka Resûlullah'a (*s.a.s*) çıkaracağım.' dedim. Yine yalvararak: 'Beni bırak, gerçekten çok muhtacım, üzerimde çoluk-çocuk var, bir daha yapmam.'dedi. Ben yine acıdım ve salıverdim. Ertesi gün Resûlullah (*s.a.s*): 'Ey Ebû Hureyre, dün geceki esirini ne yaptın?' diye sordu. Ben: 'Ey Allah'ın Resûlü, bana ihtiyacından çoluk-çocuğundan dert yandı. Ben de acıdım ve salıverdim.' dedim. 'Ama' dedi, Resûlullah: 'O yalan söyledi fakat yine gelecek.' Üçüncü sefer yine gözetledim. Yine geldi ve zahîreden avuç avuç almaya başladı. Onu yine yakalayıp: 'Seni mutlaka Hz. Peygamber'e (*s.a.s*) götüreceğim. Bu üçüncü gelişin, üstelik sıkılmadan başka gelmeyeceğim deyip, yine de geliyorsun.' dedim. Yine bana rica ederek şöyle söyledi: 'Bırak beni, sana birkaç kelime öğreteyim de Allah onlarla sana fayda ulaştırsın.' Ben: 'Nedir bu kelimeler söyle!' dedim. Bana dedi ki: 'Yatağa girdin mi Âyetü'l-Kürsî'yi sonuna kadar oku. Bunu yaparsan Allah senin üzerine muhafız bir melek diker, sabah oluncaya kadar sana şeytan yaklaşamaz.' Ben yine acıdım ve serbest bıraktım. Sabah oldu, Resûlullah (*s.a.s*): 'Dün akşamki esirini ne yaptın?' diye sordu. Ben: 'Ey Allah'ın Resûlü, bana birkaç kelime öğreteceğini, bunlarla Allah'ın bana faide ihsan buyuracağını söyledi, ben de kendisini yine serbest bıraktım.' dedim. Resûl-i Ekrem (*s.a.s*): 'Neymiş onlar?' dedi. Ben: 'Efendim, döşeğine uzandığın vakit Âyetü'l-Kürsî'yi başından sonuna kadar oku. (*Bunu okursan*) Allah'ın koyacağı bir muhafız üzerinden eksik olmaz ve tâ sabaha kadar şeytan sana yaklaşmaz!' dedi, cevabını verdim. Resûlullah (*s.a.s*) bunun üzerine: '(*Bak hele!*) o koyu bir yalancı olduğu halde, bu sefer doğru söylemiş. Ey Ebû Hureyre! Üç gecedir kiminle konuştuğunu biliyor musun?' dedi. Ben: 'Hayır!' cevabını verdim. 'O bir şeytandı.' buyurdular."[2]

"Salı günü gündüzün ortasında veya güneş yükseldiğinde kim ki her rekâtında bir Fâtiha, bir Âyetü'l-Kürsî ve üç İhlâs okumak sûretiyle on rekât namaz kılarsa, yetmiş gün defterine günah yazılmaz, bu yetmiş gün içerisinde ölürse şehit olarak ölür ve yetmiş senelik günahı bağışlanır."[3]

---

2 Buhârî, ***Vekâlet*** ,10
3 Gazâlî, ***İhyâu Ulûmi'd-dîn*** 1/539

ÂYETÜ'L-KÜRSÎ

بِسْمِ اللّٰهِ الرَّحْمٰنِ الرَّح۪يمِ

اَللّٰهُ لَٓا اِلٰهَ اِلَّا هُوَۚ اَلْحَيُّ الْقَيُّومُۚ لَا تَاْخُذُهُ سِنَةٌ وَلَا نَوْمٌۜ لَهُ مَا فِي السَّمٰوَاتِ وَمَا فِي
الْاَرْضِۜ مَنْ ذَا الَّذ۪ي يَشْفَعُ عِنْدَهُٓ اِلَّا بِاِذْنِه۪ۜ يَعْلَمُ مَا بَيْنَ اَيْد۪يهِمْ وَمَا خَلْفَهُمْۚ
وَلَا يُح۪يطُونَ بِشَيْءٍ مِنْ عِلْمِه۪ٓ اِلَّا بِمَا شَٓاءَۚ وَسِعَ كُرْسِيُّهُ السَّمٰوَاتِ وَالْاَرْضَۚ وَلَا
يَؤُ۫دُهُ حِفْظُهُمَاۚ وَهُوَ الْعَلِيُّ الْعَظ۪يمُ

"Allâhu lâ ilâhe illâ huvel hayyul kayyûm, lâ te'huzuhu sinetûn ve lâ nevm, lehu mâ fîs semâvâti ve mâ fil ard, menzellezî yeşfeu indehû illâ bi iznih ya'lemu mâ beyne eydîhim ve mâ halfehum, ve lâ yuhîtûne bi şey'in min ilmihî illâ bi mâ şâe, vesia kursiyyuhus semâvâti vel arda, ve lâ yeûduhu hıfzuhumâ ve huvel aliyyul azîm." (Allah'tan başka hiçbir ilâh yoktur. O, daima diridir; Hayy'dır. Bütün varlığın idaresini yürütendir; Kayyûm'dur. O'nu ne gaflet basar, ne de uyku. Göklerde ve yerde ne varsa hepsi O'nundur. İzni olmadan huzurunda şefâat edecek olan kimdir? O, kulların önlerinde ve arkalarında ne varsa hepsini bilir. Onlar ise O'nun dilediği kadarından başka ilminden hiçbir şey kavrayamazlar. O'nun kürsîsi, bütün gökleri ve yeri kucaklamıştır. Onların her ikisini de görüp gözetmek O'na ağırlık vermez. O, çok yücedir, çok büyüktür.[4])

"Allah öyle bir ilâh ki, O'ndan başka ilâh yok. Bâkî, her an bütün hilkat üzerine hakim ve kaim. Ne uyuklar, ne uyur. Göklerde, yerde ne varsa

4 Elmalılı M. Hamdi Yazır, ***Kur'ân-ı Kerîm Meali,*** sad. Yrd. Doç. Lütfullah Müftüoğlu, Murat Haliloğlu, Tuva Yayın, İstanbul 2010, 33. Baskı, s. 37

hep O'nun. Kim tasavvur edebilir ki kalksın da izni olmaksızın O'nun yanında şefâat eyleyebilsin? Mahlûkatın işlediklerini, işleyeceklerini bilir. Mahlûkatı ise ilm-i ilâhî'sinden ancak O'nun dilediğini kavrayabilir. İlmi bütün gökleri ve yeri kucaklar ve bunların nigâhbanlığı (*koruyuculuk*) (*bunları ademden sıyânet*) Kendisine ağır gelmez. Yüksek, büyük yalnız O (*ancak O'nun Zât-ı Kibriyâsı*)."[5]

Âyetü'l-Kürsî ile ilgili Genel Bilgi

"Âyetü'l-Kürsî,

Bakara Sûresi'nin tevhid akîdesini anlatan 255. âyetinin adı. Adını, âyetin içinde geçen ve 'taht, hükümranlık, ilim, kudret' gibi mânâlara gelen kürsî kelimesinden almıştır. Nazillili Muhammed Hakkı, Âyetü'l-Kürsî'nin fazileti hakkında doksan beş hadis ve ayrıca bu âyet için doksan üç isim tespit ettiğini kaydettikten sonra kendisinin önem verdiği bazı delillere dayanarak âyetin kırk kadar adını zikretmektedir (*bk. Hâzinetü'l-esrâr, s. 125-138*). Genellikle bu isimler ya Âyetü'l-Kürsî'nin fazileti (*a'zamü'l-âyât, seyyidetü âyi'l-Kur-ân, efdala âyi'l-Kur'ân, eşrefü âyi'l Kur'ân*) veya konusu (*âyetü sıfâtillah, âyetü't-tevhîd*) yahut da okunduğu takdirde sağlayacağı faydalar (*el-âyetü'l-hâfıza, el-âyetü'd-dâfia*) göz önünde bulundurarak düşünülmüş ve düzenlenmiştir.

Tamamı on cümleden ibaret olan Âyetü'l-Kürsî'de Allah Teâlâ'nın birliği, O'nun Hayy (*daima diri*) ve Kayyûm (*zâtı ile kaim*) olduğu, uyuklama ve dalgınlık gibi beşerî sıfatlardan münezzeh olup kâinatı kendi tasarrufunda bulundurduğu, O'nun izni olmadan kimsenin şefâat edemeyeceği, bilgisinin ezel ve ebedi kuşattığı, kudretinin arz ve semâları kapladığı ve zâtının çok yüce olduğu bildirilerek, tevhid inancının esasları açık bir şekilde ifade edilmiştir.

Âyetü'l-Kürsî'nin fazileti hakkındaki bazı hadislerde Hz. Peygamber, Kur'an'da en büyük âyetin Âyetü'l-Kürsî olduğunu (*Müslim, "Müsâfirîn", 258; Ebû Dâvûd, "Şalât", 352, "Hurûf", 1*), yatağına girerken

5 Mehmet Âkif Ersoy, ***Kur'an Meali***, Mahya Yayınları, İstanbul 2012, 1. Baskı, s. 87

onu okuyan kimseyi Allah'ın koruyacağı ve şeytanın ona yaklaşamayacağını (*Buhârî, "Vekâlet", 10*), bu âyetin içinde Allah'ın en yüce isminin bulunduğu (*Müsned, VI, 461*) ve Kur'an âyetlerinin efendisi olduğunu (*Tirmizî, "Fezâ'ilü'l-Kur'ân", 2*) haber vermiştir. Rivâyet tefsirlerinde yer alan bazı hadislerde de Âyetü'l-Kürsî'yi okuyana Allah'ın hemen bir melek göndereceği, ertesi güne kadar bu meleğin onun iyiliklerini yazacağını ve kötülüklerini sileceği, farz namazların arkasından onu okuyanın da öldüğü zaman cennete gireceği ifade edilmiştir. Bu hadislerde işaret edilen fazileti sebebiyledir ki Âyetü'l-Kürsî namazların sonunda genellikle okunan bir âyettir. Aynı inançla namaz dışında da sık sık okunan âyetler arasında yer alır."[6]

"Bu âyete 'Âyetü'l-Kürsî' denilir. Bu âyet, ilâhî saltanatın ve hükümdarlığın son derece açık ve özet anlatımını ve Allah Teâlâ'nın zâtını ve sıfatını hem tarif ve hem gökler ve yeryüzünün ve çevrelerinin yaratılmasını, ayakta durması ve düzeni, miktar ve muhafazası, hayat sırrı, ilim sırrı, hakimiyet sırrı vb. gibi maddî ve mânevî kuvvetlerinin son derece açık şâhitliği ile ispat ederek bütün ilâhiyat meselelerinin ana noktasını, Allah'ın kürsüsü gibi geniş bir kapsam ile kavramış bulunduğundan bütün Kur'an âyetleri arasında konusu ile uygun olmak üzere en yüksek bir şeref ve kıymete sahiptir. Nitekim Resûlullah (*s.a.s*): *'Kur'an'da en büyük âyet, Âyetü'l-Kürsî'dir. Bunu her kim okursa, Allah o saat bir melek gönderir, ertesi güne kadar iyiliklerini yazar ve günahlarını siler. Bu âyet bir evde okunsun da şeytanlar onu otuz gün bırakmasın, olmaz ve kırk gün ona ne sihirbaz kadın, ne sihirbaz erkek girmez. Ey Ali bunu evladına ve ailene ve komşularına öğret, bundan büyük bir âyet nâzil olmadı.' (Ahmed b.Hanbel, V, 142, 178); 'Her kim farz namazların her birinin arkasında Âyetü'l-Kürsî'yi okursa onu ölümden başka cennete girmekten engelleyecek hiçbir şey kalmaz. Yani ölünce doğru cennete gider ve ona ancak sıddık ve âbid olanlar devam eder.' (Âlûsî, el-Hindî, Suyûtî); 'Ve bunu her kim yatağına yatarken okursa Allah onu kendisine ve komşusuna ve komşusunun*

6 **Diyanet İşleri Ansiklopedisi,** c. 4, s. 244-245, Mustafa Çetin

komşusuna ve etrafındaki evlere emin kılar.' (Suyûtî); 'Günlerin efendisi Cuma günü, sözlerin efendisi Kur'an, Kur'ân'ın efendisi Bakara Sûresi, Bakara Sûresi'nin efendisi de Âyetü'l-Kürsî'dir.'(Râmûzü'l-Ehâdîs, 302) buyurmuştur."[7]

"Bu âyet, Allah'ın yüce zâtı ile ilgili temel ilâhî meseleleri kapsamaktadır."[8]

7 Elmalılı M. Hamdi Yazır, ***Hak Dini Kur'an Dili***, sad. Prof. Dr. İsmail Karaçam, Yrd. Doç. Dr. Emin Işık, Yrd. Doç. Dr. Nusrettin Bolelli, Abdullah Yücel, Yayıncı Zehraveyn, İstanbul 2011, c. 2, s. 172

8 İsmail Hakkı Bursevî, ***Muhtasar Rûhu'l-Beyân Tefsîri***, Damla Yayınevi, İstanbul 2010, c. 1, s. 444

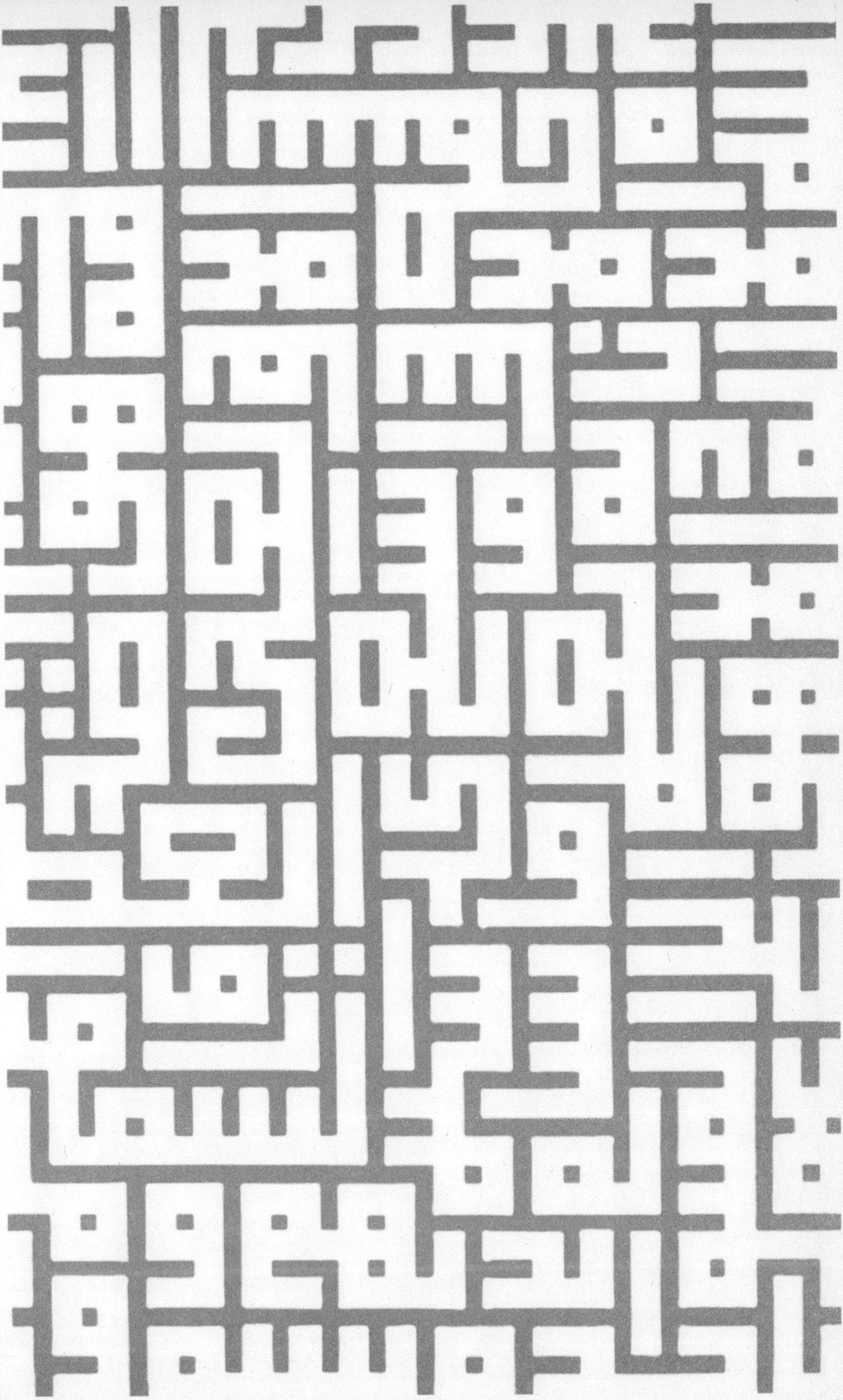

Allâhu lâ ilâhe illâ huvel
Allah'tan başka hiçbir ilâh yoktur.

ALLAH KAVRAMI

"Bazı Arap dilcileri elif isminin vav, ya, hemze harfleriyle ülfet etmesi, yani onlarla değişip kaynaşması sebebiyle 'vahşet'in (*sertlik ve kabalık*) zıddı olan 'ülfet' (*uyumluluk*) masdarından türediği görüşündedirler. Alfabenin ilk harfi kabul edilmesi ise bütün harflerin aslı oluşu, 'Allah' lafzının ilk harfini meydana getirmesi ve bütün kelimelerin bu kaynaktan çıktığını kabul edişiyle açıklanmıştır (*Fîrûzâbâdî, II, 4 vd.*)."[9]

"Allah ismi, bütün ilâhî isimleri kendisinde toplayan zât-ı bahtı ilâhiyyenin yegâne ismidir."[10]

"Allah ism-i şerîfi Cenâb-ı Hakk'ın zâtına mahsus bir ismi şeriftir. Başka bir isim bunun yerine ikame olunamaz. Başkası bununla tavsif olunamaz.

Bu ism-i şerifte akıllara hayret verici, ruhlara nihayetsiz inkişaf ve ilâhî esrar döken nurların kaynağı, zâtî tecellîlere ait esrar vardır.

Allah ism-i şerîfindeki (*elif*) kalkacak olursa (*lillah*) kalır ki, bu da Allahu Teâlâ Hazretleri'nin ism-i şerîfidir. '*Lillâhi mâ fis semâvâti vel ard-Yerde ve gökte olan her şey Allah'ındır.*' (*Nisâ, 126*) âyeti kerîmesindeki (*lillah*) da bu mânâyı ifade eder.

---

9 ***Diyanet İşleri Ansiklopedisi***, c. 11, s. 35, Turan Arslan

10 M. Kemal Pilavoğlu, ***Büyük Velî Muhyiddîn-i Arabî Hazretleri***, Pilavoğlu Kitabevi, Ankara 1991, 3.Baskı, s. 129

(*L*) harfi kalkacak olursa (*lehu*) kalır ki, bu da ism-i şerîfin yerini tutar. Bu hususta Kur'an'da: '*Lehu mâ fis semâvâtı vel ard-Yerde gökte olan her şey O'nundur.*' (*Bakara, 255*) vârid olmuştur.
(*Lehu*)'nun (*L*)'si kalkacak olursa (*Hû*) ism-i şerîfi kalır ki, bu da zât-ı baht-ı ilâhiyyeye aittir. Kur'an'da bu hususta: '*Huvallâhullezî lâ ilâhe illâ huve-Allah'tan başka ilâh yoktur, ancak O vardır.*' (*Haşr, 22*) gelir.
Allah ism-i şerîfi bütün esmâyı câmi olmakla, hiçbir isim, bunun yerini tutamaz."[11]

"Allah: Yani hakîkati, tahakkuku ve sübûtu ile var, sabit, mevcut, hak ve hakîkî olan zat- aslında onu kelime ve çeşitli anlamlar ile sınırlamamak lâzımdır, çünkü tâbirden maksat tenbihtir, o şey hakkında bir fikir vermektir; oysa Cenâb-ı Hakk'ı hangi kelime anlatabilir? Kendisini akılların kavramasından, tâbirin kendisini ifade etmesinden ve lafız kalıbına dökülmekten münezzehtir, yüce'dir. Çünkü '*Ondan başka ilâh yoktur.*' Ondan başka mevcut yoktur. İstersen buna sen 'ondan başka varlık, ondan başka gerçek, ondan başka kevn/var ve ondan başka sübut/mevcut yoktur' da diyebilirsin. Burası, zât-ı ahadiyyet hakkında dillerin konuşabileceği son noktadır. Çünkü bütün ibareler, işaretler, idrakler, mükâşefeler, müşâhedeler burada son bulur. Her şeyin sonu burası olunca bundan ötesi ahraslık/konuşamama, hiçbir şey bilememe/cehâlet ve âmâ/hiçbir şey görmemedir. Bundan ötesini konuşanlar, sadece Hak, kendilerine zâtı veya diğer isim ve sıfatlarıyla nasıl zuhur etmişse, onları tevfiki ile destekledikten, cânibinden gelen bir cezbe ile en kolay yola çektikten sonra, onlara akılları nispetinde dünya ve âhiretleri ile ilgili hangi kelâmları indirmişse o şekilde konuşurlar. Bu sözler de sırf zât-ı ilâhînin gayblığından bahsedebilir ve vahdetin berraklığını bozan kir ve sertliklerden, kabalıklardan uzaktır. Ne var ki, bununla birlikte bu sözler kesret/çokluk ve hicap/perde şüphesinden hâlî değildir. Kısaca, Allahu Teâlâ'nın kendisine verdiği bilgi ve ilham ile, ona/

11 M. Kemal Pilavoğlu, ***Büyük Velî Muhyiddîn-i Arabî Hazretleri***, Pilavoğlu Kitabevi, Ankara 1991, 3.Baskı, s. 164-166

Hakk'a ait ilm-i huzûrî mertebesinden gelen akl-ı küllîden kaynaklanan akl-ı cüzîden ibaret olan tekliflerin kaynağının kendisinde olduğunu bilen kimse, kulluk mertebesinde mutmain ve râzı olarak kalabilmek ve hayât-ı sûrîden (*şekilden ibaret hayattan*), hayât-ı mâneviyyeye yani gerçek varlıktan ibaret olan mânevî hayata geçebilmek için, işte bu akl-ı cüzîsini Hakk'ın emirlerine sarılmada ve nehyettiği şeylerden kaçınmada kullanması gerektiğini de bilmelidir."[12]

Allah kelimesi, Yaratıcı'nın *"İstedim ki bilineyim"* dediği ilmini kapsayan hakîkattir. Doksan dokuz ismin en yücesi ve toplamıdır. Bu yüzden de İsm-i Âzam'dır. Bütün zıtlıkları kendisinde barındırır, yani celâl ve cemâl onda cem olur. Bu hakîkat mülk âleminde zuhur etmez. Çünkü o vücut bulmamış bir hakîkattir. Ancak mülk âleminde Hak ismi ile idrak edilir. O halde Allah ismi hiçbir zaman yaratılamaz ve yaratılmış hiçbir varlığa bu isim verilemez. Sanki Hak isminin âyân-ı sâbitesidir. Onunla ilgili konuşabilmek için izne ve idrâke ihtiyaç vardır. Bu izin ve idrak de perdeli olan bizlerde belli ölçüde âşikâr olacağından, her yaratılmış ancak kendi idrâki kadarıyla ve idrak edebilmenin cezbesiyle fikir yürütebilir.

"'*Allah, O'ndan başka ilâh yoktur...*' Varlık âleminde Allah'tan başka ilâh yoktur. Dolayısıyla O'ndan başkasına sunulan kulluk, bu kulluğu sunan kimse bilsin veya bilmesin, O'ndan başkasına yönelik değildir. Çünkü O'ndan başka mâbut da mevcut da yoktur."[13]

"'*Allah ki,*' Allah yüce Rabbimizin doksan dokuz isminden en yüce ismidir. İsm-i Âzam'dır. Çünkü bu, tüm ilâhi sıfatları kendisinde toplayan zâtı gösterir. O'na işaret eder. O'nun zâtıyla ilgili hiçbir nitelik bu ismin dışında değildir. Oysa öteki isimler, yüce Allah'ın ilâhî sıfatlarının

12 Abdülkâdir Geylânî, ***Geylânî Tefsiri***, Ceylani İlim Araştırma ve Yayın Merkezi, İstanbul, 2012, 1. Baskı, c. 1, s. 236-237

13 İbn Arabî, ***Tefsir-i Kebir Te'vilât***, Kitsan Yayınları, İstanbul, tarihsiz, c. 1, s. 152

tümüne ayrı ayrı işaret etmeyip yalnızca konuldukları anlamlara delâlet ederler. (...) Bir de 'Allah' ismi tüm isimlerin en özelidir. Bir başkasına bu isim verilemez. Ne gerçek anlamda ve ne de mecâzî anlamda verilmesi mümkün değildir. Halbuki öteki isimler, bazen başka varlıklara ad olabiliyor. Mesela Kâdir *(her şeye gücü yeten)*, Alîm *(her şeyi en iyi bilen)*, Rahîm *(merhametli)* gibi isimleri burada sayabiliriz.

Kul için gerekli olan şey, bu ismi anar anmaz, kulluğunu hatırlayıp, O'na karşı gerekeni yapmalıdır. Yani kul, sürekli bir şekilde kalbiyle Allah'la beraber olduğunu ve O'na yönelmesi gerektiğini bilmeli, kalbi bu inançla dopdolu olmalıdır. Başkasına bakmamalı ve Allah'tan başkasına iltifat etmemelidir. Yalnızca Allah'tan beklemeli ve yalnızca O'ndan korkmalıdır."[14]

"Hayât-ı hakîkînin sahibi olan Allah öyle Allah'tır ki, O'nun zât-ı Hakkı'nı tabir edecek elfaz *(sözler)* yoktur. o öyle bir mâbudun-bil'haktır ki, hayât-ı hakîkînin sahibi ve bütün hayat sahipleri onun hayat sıfatının tecellîsiyle hayat bulur. Fenâ ve zevalden (*yok olmak*) münezzehtir. Çünkü Hayy u Kayyûm'dur; hem kaim, hem mukavvimdir *(kıvama getiren, tesviye ve tanzim edici)*. İşte hayât-ı hakîkîye sahip olan Allah'ta nevim *(uyku)* olmaz, gaflet bulunmaz, uyuklamaz, uyku tutmaz; zîra uyku ölümün bir kardeşi sayılır. Cenâb-ı Hak bu sıfatlardan münezzehtir. O daima Alîm'dir. Habîr'dir. Semâvatta, yerde, yukarıda, aşağıda, görünür görünmez ne varsa hep O'nun. O, var olan varın sahibidir. Mülk O'nundur, mahluk O'nundur. Esmâ-i ilâhiyyesinin ve sıfât-ı ilâhiyyesinin tecellîsiyle gayb-ı mutlaktan âlem-i şuhûddaki kesret O'nundur. Her şeyin mâliki O'dur. Enbiyâ ve evliyâdan O'nun vahiy ve ilham ve izni olmadıkça O'nun huzûr-i Kibriyâ'sında kim şefâat edebilir, ednâyı (*alçak*) âlâya (*yüksek*) kim terakki ettirebilir? Dikkat! Bu mânâ tahsil olunduktan sonra hakîkatte şu mânâ da tahsil olunur: İzn-i tâm; Hazreti Muhammed'e verilmiştir. Zîra kendisine Makam-ı Mahmud vaat

14 İsmail Hakkı Bursevî, ***Muhtasar Rûhu'l-Beyân Tefsîri***, Damla Yayınevi, İstanbul 2010, c. 1, s. 438-439

edilmiştir. Makam-ı Mahmud ise makam-ı şefâattir. 'Evvelü mâ halâkallahu nûrî' sırrına mazhar olduğu için, mahlukat halkolunmazdan evvel umûr-ı evveliyat *(ilk emirler)* O'na bildirilmiştir; bilir. Huzûr-ı Kibriyâ'da kime şefâat edilmesi lâzımsa O bilir. Allah, ilm-i huzûriyle herkesin önlerindekini ve arkalarındakini, içlerindekini ve dışlarındakini, işlediklerini ve işleyeceklerini, bildiklerini ve bilmediklerini bilir. O öyle bir Hâlık'tır ki, O'nun ilminden gizli bir şey yoktur. Bütün mevcudat O'nun ilminden ancak O'nun dilediği kadarını kavrayabilirler. O'nun azamet-i Sübhânîsi, saltanat-ı ilmîsi karşısında akıl durur. O saltanatın tecellîgâhı olan Kürsü'sü bütün semâvat ve arzı, âlem-i esmâ ve sıfatı, âlem-i tabiatı, gaybı, şühûdu; geniş geniş birbiri içine alır, semâvat ve arzda hiçbir şey yok ki, bu Kürsü'nün ihâtası haricinde olsun! İşte, '*Allahu lâ ilâhe illâ hüvel hayyul kayyûm*' hükümet-i Rabbaniye'sinin saltanatının tecellîgâhı olan kürsî-i vahdet bunları ihâta etmiştir ve bunun nigâhbanlığı (*koruyuculuğu*) da kendisine hiç ağır gelmez. Zîra O, hadd-i zâtında pek büyüktür, âlî ve azîm ancak O'dur. O'nun azameti karşısında akıllar hayrette kalır, lisanlar O'nu tavsif edemez!"[15]

"Allah bütün güzel isim ve sıfatların hakîkatlerini kendinde toplayan fail ve etkin hakîkat için kullanılır: *De ki: İster Allah deyin, ister Rahmân deyin, hangisiyle duâ ederseniz en güzel isimler O'na aittir. (İsrâ, 110)*
İbnü'l-Arabî Allah ismiyle eşanlamlı İsm-i Câmi, İlâh-ı Mutlak, İlâh-ı Hak, İlâh-ı Meçhûl kelimelerini kullanır. Allah bütün isimlerin hakîkatlerini kendinde toplayan ulûhiyet mertebesine verilmiş özel zat ismidir. Allah en yetkin, kuşatıcı, bütün isimlerin –zıt veya değil- anlamlarını içeren isimdir. Allah'tan başka tanımında zıtları barındıran başka bir isim yoktur.
Allah, Zât'a verilmiş özel isimdir. Türemiş olduğu iddia edilirse, bu durumda o kastedilmez. Allah bu özel ismi Hakk'ın zâtından başkasına verilmekten sakınmıştır. Bu isimden başka sadece Zât'a verilmiş özel

15 Şemseddin Yeşil, ***Füyûzat***, Ş. Yeşil Kitabevi, İstanbul:2009, 5. Basım, c. 1, s. 274-276

isim bilmiyoruz. Allah ismi, özel isimler sahiplerine tam delâlet ettikleri gibi Zât'a tam delâlet eder.

Allah ismi mertebeye delâlet eder. *(Kemâl zuhûru celâl ve cemâlin tek olmasıyla oluşur.*[16]*)*

Allah ismi zat ve varlığın aynıdır, fakat bu, ulûhiyet mertebesi bakımından böyledir.

Allah Zât'a özgü yüce ve sınırsız isimdir. Bu isim en güzel isimlerin anlamlarını toplar. Allah yazılışta gözüken dört harften oluşur: Elif, birinci lam, ikinci lam ve he.

Özü gereği yüce, kendisiyle bütün varlık durumlarını ve yokluğa mensup nispetleri kuşattığı yetkinliğin sahibidir. Hiçbir şey onun dışında kalmaz. Bunlar örf, akıl ve şerîat açısından iyi sayılabilecekleri gibi kötü de sayılabilir. Böyle bir yetkinlik, özel anlamda Allah denilen Zât'ındır.

Bu iki isim -Allah ve Rahmân- diğer isimlere göre kapsamlı ve yetkindir.

En büyük ve kuşatıcı isim Allah ismidir.

İlâh bütün isimlerin sahibi olan kimse, o ise Allah denilen hakîkate özgüdür.

Allah bütün ilâhî isimlerin hakîkatlerinin toplamıdır.

Allah ismi, altındaki bütün isimleri içerir. O diğer isimler karşısında isimlerin anlamlarını taşıyan zat gibidir.

Allah ismi, zıt ve uyumlu bütün isimlerin anlamlarını kendinde toplar. Allah hariç, tanımında zıtları barındıran başka varlık yoktur.

Allah birinci içerikte gördüğümüz gibi zıt ve uyumlu (*celâl ve cemâl*) bütün isimleri toplayan isimdir. O isimlerin anlamlarını kendinde topladığı için bütün isimlerde hüküm sahibidir. Söz gelişi Rab ismini, hükmünün ortaya çıkacağı özel yerinde görevlendirir veya görevinden azleder. Allah sabitlik niteliğindeki Rab veya İlâh isimlerinin karşıtı olan isimler vasıtasıyla değişir ("*O her gün bir iştedir.*"). Her varlığın Allah isminden özel bir payı, başka bir ifadeyle özel bir ilâhî ismi vardır ve kul o ismin mazharı ve tecellîgâhıdır. Bu isim gerçekte o kulun Rabbi-

16 Derleyenin Notu

dir. Şu halde ilâhî isimler kendi mazhar ve tecellîgâhlarının rableriyken, Allah bütün varlıkların Rabbidir. *(Her varlıkta Allah'ın bir ismi tecellî eder. Böylece her yaratılmışla Allah arasında ortak bir isim vardır. O isim o kulun öğreticisidir. Çünkü o kul ancak o isim kadarını idrak edebilir.*[17]*)* Varlıkların tek-gerçek Varlık ile ilişkisi, taayyün edişleri –ki bu taayyünler Allah'ın isimleridir- yönünden olabilir. Başka bir ifadeyle her varlık belirli bir ilâhî isimle irtibatlıdır ve söz konusu isim gerçekte o varlığın Rabbidir. Allah ismi ise bütün isimleri içermesi nedeniyle var olan her şeyin Rabbidir.

Allah diye isimlendirilen zâtı itibariyle tek, sıfatlarıyla bütündür. Her varlığın Allah'tan payı kendi özel rabbidir. (*Allah isminden ibaret olan*) Bütünün ona ait olması imkânsızdır. Mutlu, Rabbinin hoşnut kaldığı kimsedir. Rabbinin katında hoşnut olunmayan kimse yoktur. Çünkü her isim, rablığını kendi kulu üzerinde sürdürür. Bir kul özel rabbinin katında hoşnut oldu diye başka bir kulun rabbinin katında râzı olunan olması gerekmez. Çünkü o isim rablığını bütünden almıştır, bir'den değil. Bu durumda (*sıfatlardan kaynaklanan*) bütünden ancak kendisine uygun bir hüküm ortaya çıkmıştır ve ortaya çıkan şey kulun Rabbidir. Her ilâhî isim o esnada hüküm sahibi ve yönetici olan isme zıt başka bir ismin var olduğunu bildiği için Allah'tan korkar. Der ki: Allah hükmümün ortaya çıktığı bu özel mahalde yönetici değilken beni görevlendirdiği gibi başka bir yöneticiyle, yani başka bir ilâhî isim sayesinde beni azledebilir. Ben ilâhî isimleri bilmiyorum ve onlardan korkmuyorum, Allah'tan korkuyorum. Nitekim Eyyûb Rabbine 'Sıkıntı bana ulaşmıştır' diye duâ etmiştir. Bu durumda o Dar (*zarar veren*) isminin azledilmesini ve hükmünün ortadan kaldırılmasını istemiştir."[18]

"Cenâb-ı Hakk'ın birbirine zıt isimleri vardır. Mesela Muiz *(itibarlı kılan)* olduğu gibi Müzil (*yok eden*) de vardır. Hâdî (*doğru yola ileten*) olduğu gibi Mudil (*dalâlete düşüren*) de vardır. Afüv (*daima affeden*)

17 Derleyenin Notu

18 Suad el-Hakîm, ***İbnü'l-Arabî Sözlüğü***, çev. Ekrem Demirli, Kabalcı Yayınevi, İstanbul 2005, 1. Baskı, s. 53-55

olduğu gibi Müntakim (*intikam alan*) de vardır. Bu isimler, isimlerin küllü olan Cenâb-ı Hak'tan, yâ Rabbî, bize bu isimlerin gereğini yerine getirebilmek için bir zuhur yeri ihsan et! diye niyazda bulunarak birer vücut istediler. Cenâb-ı Hak da bu taleplerini yerine getirdi ve her bir isim bir mazhara, bir vücuda büründü.

O halde, kahır yaptığın vakit, karşında Müntakim isminin zuhûrunu bekle... Evet bir kimseye fenâlık yaparsan intikam alıcı isim hemen karşına gelir. Onun için zulüm yapan neden cezâsını bulur? diyemezsin. Çünkü zâlime karşı Âdil ismi vardır."[19]

> O halde dünyada etkiye tepki prensibi geçerlidir. Allah'tan cezâ gelmez ancak zıt isimler birbirini cezâlandırırlar. Yani karşılık verir.

"Hak Teâlâ Allah ismini, ilâhî mânâların kemâli için heyûlâ kıldığından onun zâtından zâtına giden bütün tecellîleri bu ismin ihâtası altına girer. Bunun da ötesi, zatta zâtın butûnu (*gizliliği*) adı verilen sırf zulmetten ibarettir. Bu isim bu zulmetin nûrudur. Yine bu isimde (*nurda*) Hak Teâlâ nefsini görür. Halk ise onunla Hakk'ın mârifetine ulaşır. (...) Hak o isim ile kendisini, hiçbir şey halkolunmadan evvel isimlendirmiştir. O isme bir kök yoktur. Henüz kelimeler türememiş, türeyen kelimelerden de bir şey türememiş iken Cenâb-ı Hak bu Allah ismi ile anılırdı."[20]

"Allah ism-i celîlinin aslı el-İlâhe'dir. Ortadaki elif kaldırıldığı gibi lam da idgam[21] olunmuştur. Böyle olunca da hakîkatte Allah ism-i şerîfinin şu harflerden müteşekkil olduğunu müşâhede ederiz: Elif-Lam-Elif-

19 Ken'an Rifâî, ***Sohbetler***, Kubbealtı Neşriyatı, İstanbul 2000, 2. Baskı, s. 135

20 Abdü'l-kerîm b. İbrahim el-Cîlî, ***İnsân-ı Kâmil***, ter. Seyyid Hüseyin Fevzî Paşa, Kitsan Yayınları, İstanbul, c. 1, s. 91-92

21 Arapça'da aynı cinsten olan veya yakın mahreçlerden çıkan iki harften birinciyi ikinciye katarak okuma.

Lam-Elif-He-Vav. Burada yedi sıfat bulunmaktadır. Yani her bir harfe Hak Teâlâ Azze ve Celle'nin bir sıfatını izâfe etmektedir."[22]

Elif; ahadiyet, birlik, Allah'ın zât-ı ilâhîsini anlatır. Lam; siyah renkli bir zülüf koyup yüzünü örttü yani zulmü *(vücudu)* perdeyle örttü. Örtmeseydi nur bütün mevcûdatı yakıp tutuştururdu. Zîra Allah'ın nûru perdesiz ortaya çıkarsa ne sen kalırsın, ne ben, ne de toprak. Hz. Mevlânâ'ya Şems'den bahseder misin dediklerinde: *"Bir söylesem ne sen kalırsın, ne ben, ne de toprak."* demesi bundandır. O zülüf (*şedde*) tıpkı ism-i celâle benzer, insân-ı kâmili temsil eder. He, zâtın hüviyetidir. Gören göze sahip olanlar Hakk'ın hüviyetini insân-ı kâmilde hayranlıkla seyrederler. Zîra onun zâtı hakkında kimsenin bilgisi yoktur. Hz. Ali "Mahluk olan akıl, Hâlık olan zâtı idrak edemez." der.

"Birinci Elif: Hayy-diri sıfatına taalluk etmekte, esmâü'l hüsnâsının bir tecellîyâtını göstermektedir."[23]

"Zât-ı Baht'a Amâ'da iken hakîkat-i Muhammediyye'ye Mahbûb-u ezelîsine âşık olarak bu âlemlere hayat bahşederek Hayy ismini tecellî ettirmiştir."[24]

"İlk Lam; irade sıfât-ı ilâhîsine delâlet etmektedir. Burada, seven Hudâ-i Kerîm, Mahbûb-i yegânesinin aşkı ile bilinmek istemiştir, denmiştir."[25]

Burada celâl zuhur eder. Çünkü isteme yahut irade etme bir kuvveti kudrettir ki, bunun enerjisi celâldir.

"İkinci Elif, Hak Teâlâ Azze ve Celle'nin her yerde sırr-ı ilâhî kudretine delâlet etmektedir.

---

22 Abdü'l-kerîm b. İbrahim el-Cîlî, ***Besmele'nin Şerhi,*** ter. Seyyid Hüseyin Fevzî Paşa, Kitsan Yayınları, İstanbul 1996, s. 60-61

23 Abdü'l-kerîm b. İbrahim el-Cîlî, ***a.g.e.***, s. 103

24 Abdü'l-kerîm b. İbrahim el-Cîlî, ***a.g.e.***, s. 102

25 Abdü'l-kerîm b. İbrahim el-Cîlî, ***a.g.e.***, s. 104

'Lâ havle ve lâ kuvvete illa billah' (*Allah'tan başka kudret ve güç yoktur*) meâl-i şerîfi bu sırrı açıklamaktadır."[26]

"İkinci Lam, Hak Teâlâ Azze ve Celle'nin ilim ve cemâl sıfatına taalluk etmektedir. Bu sonsuz ilmin sonsuz tecellîyâtı sırr-ı Ahmed'den naklen; insân-ı kâmilde mütecellîdir (*tecellî eder*)."[27]

Burada anlatılan ikinci Lam'da cemâlin tecellî etmesidir.

"Üçüncü Elif, Cenâb-ı Hak Azze ve Celle'nin Semî (*işitici*[28]) esmâ ve sıfatına taalluk eder. Burada 'Kâinatta hiçbir şey yoktur ki, O'na tesbih ve O Rabbi Zülcelâl'e hamd etmemiş olsun. Fakat siz onun hamd-ü tesbihini duyamazsınız!' demektedir."[29]

"He, Basar (*görme*[30]) sıfatına işarettir. Ha dairesindeki Cenâb-ı Hakk'ın basarı insana işarettir. Esasen insanın gözü ile âlemleri temâşâ eden de 'Hû'dur. Unutmamak gerekir ki kâinatın varlığı Hak Teâlâ'nın bu nazarı ile vardır. O nazarı çekiverirse kâinat yok olur."[31]

"Vav, Hakk'ın kelâmına müteallıktir. Bu kelâm Kur'ân-ı Kerîm'in Resûl-i Kibriyâ'ya vusûlünde sonsuzluk sırrını da ispat eylemiştir. (*Sonsuzluk hakkında bir mânâ öğretmeyen söze kelâm denmez.* [32]) Bu sonsuzluk arş-ı Rahmân'a benzer. Aslında Rahmân'ın istivâgâhı olan Arş, Âlem-i Kebîr olan 'İnsan'dır."[33]

"Hüve=O, Allah isminin sırrıdır. (*Hüve, Hakk'ın hüviyetine işarettir.* [34])

---

26 Abdü'l-kerîm b. İbrahim el-Cîlî, ***Besmele'nin Şerhi***, ter. Seyyid Hüseyin Fevzî Paşa, Kitsan Yayınları, İstanbul 1996, s. 105-106

27 Abdü'l-kerîm b. İbrahim el-Cîlî, ***a.g.e.***, s. 106

28 Dinle

29 Abdü'l-kerîm b. İbrahim el-Cîlî, ***a.g.e.***, s. 106

30 Şâhitlik

31 Abdü'l-kerîm b. İbrahim el-Cîlî, ***a.g.e.***, s. 107

32 Derleyenin Notu

33 Abdü'l-kerîm b. İbrahim el-Cîlî, ***a.g.e.***, s. 107-108

34 Derleyenin Notu

Allah lafzının harfleri kaldırıldığında geriye kalan harfler yine mânâ ifade eder. Elif kaldırılırsa, lillah kalır, lam kaldırılırsa, lehu kalır, İkinci lam kaldırılırsa Hû kalır. Bu da Hû'nun aslı olan He'dir. Hüve'nin aslı, vav'sız He'den ibarettir."[35]

"Allah ismi beş harflidir. Çünkü He'den evvelki Elif telaffuzda bulunmaktadır. Söylenmesinden dolayı varlığı kabul edilir."[36]

"Birinci Lam; celâlden ibarettir. Bundan dolayı Elif'in yanı başında bitişiğinde yazılmıştır. Çünkü celâl, zâtî tecellîlerin en ulvîsidir. (...) Cemâle ait Vâhid sıfatı zuhurda kemâlini ihâta eder ve ona yaklaşırsa Cemâl saltanatının kuvveti zuhûrundan dolayı ona Celâl adı verilir. Bu duruma göre rahmet mefhumu ve onun umumu ve şümulu ve sonu Celâl demektir."[37]

> Birinci Lam kudret ve kuvvet olan celâldir ve Zât'ın âlemdeki ilk tecellîsi yani yaratış tecellîsidir. Buna göre Rahmet ismi celâl enerjisi ile ortaya çıkar.

"İkinci Lam, Hak Teâlâ'nın mazharlarına sâri olan mutlak cemâlden ibarettir. O'nun bütün cemâl sıfatları iki sıfata râci olur. Biri ilim diğeri lütuftur. Yine bütün celâl sıfatları da iki sıfata râci olur. Biri azamet diğeri kudrettir. İki evvelki sıfatların sonu bu azamet ve kudrete vâsıl olur. Sanki bu sıfatlar tek vasıf gibidir. Bundan dolayı halk için zâhir olan cemâl, celâl cemâlidir. Celâl de, cemâl celâlidir."[38]

> Buradan anlaşılıyor ki Allah sonsuz cemâldir, celâl ismi ile tecellî eder. Ortaya çıkan güzellik de cemâldir *(Zülcelâli vel ikram).*

"İkinci Elif, nihayet ve sonu olmayan kemâlleri içinde toplayan Kemâl Elif'tir. Yazılışta düşmesi, kemâlin sonunun olmayışına ve nihayetinin

35 Abdü'l-kerîm b. İbrahim el-Cîlî, ***İnsân-ı Kâmil***, s. 304
36 Abdü'l-kerîm b. İbrahim el-Cîlî, ***a.g.e.***, s. 93-94
37 Abdü'l-kerîm b. İbrahim el-Cîlî, ***a.g.e.***, s. 97-98
38 Abdü'l-kerîm b. İbrahim el-Cîlî, ***a.g.e.***, s. 98

bulunmayışına işarettir. Yok olan şeyin ne aynı ne de eseri idrak olunabilir. Telaffuzda sabit olması da Hakk'ın zâtı hakkında mevcut olan kemâlin, nefsinin, varlığının hakîkatine işarettir."[39]

İkinci Elif kemâldir ve insân-ı kâmili anlatır. Kâmil de vardır ama yoktur. Yani misal âleminde yaşar, dünyada gözükür.

"He, Hakk'ın hüviyetine işaret eder ki, Hakk'ın hüviyeti de insanın *(kâmil insanın[40])* aynıdır."[41]

"Bazılarında Hak Allah ismiyle tecellî eder. Bu tecellîye varma yolu herhangi bir şekilde sınırlanmış değildir. Bilakis Allah'ın isimlerinden her ismin tecellîsine göre tecellî eder. Zîra kabiliyetlerin muhtelif oluşu ile mahzarlardaki çeşitli adetlenmeden dolayı, ilâhî isimlerin tecellîsini, bir şekle koymak ve sığdırmak mümkün değildir.
Hak, bir kimseye Allah ismiyle tecellî ederse o kimse nefsinden fânî olur yerine Allah o kimsede bâkî bulunur. Bu tecellîye mahzar olanın heykeli, hadis olma köleliğinden kurtulur. Bağı varlık ve mükevvenat kayıtlarından çözülür. Yani; o kulun varlığı zaman hâdiselerine bağlanma köleliğinden kurtulur. Bu kâinatın bağları ile bağlılık durumu ortadan kalkar. Böyle bir kimse bu tecellîde (*Ahadiyyüz-zat ve Vâhidiyyüssıfat*) yani Tek zat, Tek sıfattır. Baba ve analar tanınmaz olur. Durum böyle olunca Allah'ı zikreden o kulu zikretmiş olur, Allah'a nazar eden o kula nazar etmiş olur."[42]

"*'Biz, emâneti göklere, yere ve dağlara arzettik. O emâneti yüklenmekten çekindiler ve onu insan yüklendi.' (Ahzâb, 72)* âyet-i kerîmesi bu sırra işarettir. Bu âyetteki emânetten maksat; zâtıyla, isimleriyle ve sıfatla-

39 Abdü'l-kerîm b. İbrahim el-Cîlî, ***İnsân-ı Kâmil***, s. 100
40 Derleyenin Notu
41 Abdü'l-kerîm b. İbrahim el-Cîlî, ***a.g.e.***, s. 101
42 Abdü'l-kerîm b. İbrahim el-Cîlî, ***a.g.e.***, s. 192-193

rıyla Hak'tır. Varlıkta zikrolunan emâneti, bütün varlığıyla 'İnsân-ı Kâmil'den başka yüklenen yoktur."[43]

"Kâmil abd *(kâmil kul),* ilâhî isimlerin hepsine mahzardır."[44]

> Buradaki tecellî Allah isminin aynada görünüşünü anlatmaktadır. Yoksa isim vücut giymiş değildir. Dolayısıyla Allah ismi dünyaya gelmez ancak kâmil kulda yani yok olmuş kulda Allah tevhid noktasından tecellî eder. Bu ismi anlayan, idrak eden ve yaşayan kimse her yaratılmışta Allah'ı seyretme zevkini yaşar.

"Bu isim diğer isim ve sıfatları cem eden zâtî isimdir. Ancak bu cem etme taalluktan dolayıdır, bu isim ve sıfatlarla ahlâklanmaktan dolayı değildir. Bu durumun nedeni ahlâklanmanın ancak sıfat isimleri ile olmasından dolayıdır. Allah ismi ise zat ismidir. Ancak Allah ismi sadece zâta işaret etmekle sınırlı değildir. Bu ismin üç tavrı vardır:
a) Bu ismin sırf zâta verildiği tavır.
b) Bu ismin, zâtın ulûhiyetteki tecellîsi bakımından bu mertebeye verilmesi tavrı.
c) Herhangi bir karînenin varlığından dolayı bu ismin Allah'ın isimlerinden özel bir ismi karşılayan tavrı.
Nitekim Muhyiddin İbnü'l-Arabî tevbe eden kimsenin 'Yâ Allah!' sözü ile 'Yâ Tevvâb!', hastanın 'Yâ Allah!' demekle 'Yâ Şâfî!' demeyi kastettiğini belirtmektedir.
İşte bu, Allah isminin zat ismi olduğuna açık bir delildir. Çünkü zat sair isim ve sıfatlarla tecellî eder. Biz bu ismin, bütün bu isim ve sıfatlara vekâlet ettiğini keşfettik. Böylece bildik ki bu isim, zat ismidir.
Bil ki, bu isim bir mertebeye ad olması bakımından kemâle ait sıfatın ismi olur. Bu bakımdan bu ismin sıfatı ulûhettir. Ulûhet sıfatı, en aşağısından en yukarısına bütün varlık mertebelerine Hakk'a ait hakîkatler

43 Abdü'l-kerîm b. İbrahim el-Cîlî, ***a.g.e.***, s. 293
44 Abdü'l-kerîm b. İbrahim el-Cîlî, ***a.g.e.***, s. 292

ve halka ait hakîkatler gibi varlık ve mutlaklık durumlarını vererek kuşatmak demektir.

Bu isim yani er-Rahmân ismi sıfat ismidir. Rahmet bu ismin kaynağıdır. Allah'ın kulları kâmiller, Rahmân'ın kulları ise bu kâmillerin altındakilerdir. Çünkü Rahmân'ın kulları mârifetullah konusunda yarımdırlar. Allah'ın kulları ise mârifetullah konusunda kemâl sahibidirler. Eğer her iki grup da bu konuda eşit olsalardı birbirinden farklı iki kemâl olurdu. Halbuki hepsi kendi kararlılığı ve sınırı üzeredir.

İlâhî isimler için bu isim, sıfatlar için zat gibidir. Bu yüzden hadiste geçen doksan dokuz isim bu isimle birlikte yüze tamamlanır. O halde bunu iyi anla!

Bil ki, bu ismin zâhirinin aslı Allah'ın resûlü Peygamberimiz Muhammed'dir (*s.a.s*). Bunun delili Allah Teâlâ'nın '*Noksanlıklardan münezzehtir O, kulunu gece vakti götüren...*' (*İsrâ, 1*) âyetidir.

Muhammed'in (*s.a.s*) rûhu hüviyet demek olan 'he' harfine izâfe olur. Bundan da bilinir ki, Hû ismi Muhammed'in (*s.a.s*) bâtınının aslıdır. Allah ismi ise O'nun zâhirinin aslıdır. Böylece ulûhet isminin hüviyet isminin mazharı olduğu kesinlik kazanmıştır. Bu mânâdan dolayı Allah Teâlâ '*Resûl'e itaat eden Allah'a itaat etmiştir.*' (*Nisâ, 80*), '*Attığın zaman sen atmadın fakat Allah attı...*' (*Enfâl, 17*) ve '*Sana bîat edenler şüphesiz Allah'a bîat etmişlerdir.*' (*Fetih, 10*) buyurmuştur.

Allah âlemdeki herhangi bir şeye başka bir isim söylemez. Aksine Allah, bu Muhammedî tevhidin hakîkatinden haber verdiği sair şeylerde bu ismi Muhammed'in hakîkati kıldı. Bu yüzden Allah Muhammed'in (*s.a.s*) zâhirini Allah isminin temsil edilmesine vekil kılmıştır. Çünkü O'ndan yani Muhammedî hakîkatten önce ilâhî isimlerin hakîkatleri ile taayyün eden, hüviyet denen okyanustur. Tüm isim ve sıfatların dönüş yeri bu okyanustur. Allah Teâlâ'nın Hz. Peygamber'e (*s.a.s*) söylediği '*Doğrusu nihâî varış Rabbinedir.' (Necm, 42)* sözü bu mânâya işaret eder. Allah'ın, yarattıklarına kendisini tanıtmasının ulaşacağı nihâî nokta hüviyet diye adlandırılan kuşatıcı ve cem edici tecellîdir. Hüviyetin sonu yoktur. Allah Teâlâ, Hz. Peygamber'e (*s.a.s*) işaret ederek '*De ki: eğer*

Rabbimin sözleri için deniz mürekkep olsaydı her halde Rabbimin sözleri tükenmeden deniz tükenirdi.' (Kehf, 109) buyurmuştur. Burada Allah'ın sözleri ile kendileri ile kendileri dışındakilerin bilindiği ilâhî sıfatlar kastedilmiştir. Âyetteki bu ibareden Hz. Peygamber'in (*s.a.s*) tek ve rakipsiz bir şekilde sair yetkinlikleri cem etmiş olduğu öğrenilir. Çeşitli yetkinlikleri kuşatması ve kendisinin dışındakileri cem etmesi dolayısıyla Hz. Peygamber, '*Güzel ahlâkı (mekârim-i ahlâk) tamamlamak üzere gönderildim.*' sözü ile buna işaret buyururlar. '*Bana cevâmiu'l-kelîm*[45] *verildi. Böylece öncekilerin ve sonrakilerin ilimlerini öğrendim.*' sözüyle de bunu ifade eder.

Bu yüzden Muhammed (*s.a.s*) için ancak bir tek kişiye ait olan en yüce vesîlelik durumu gerçekleşir. Çünkü Allah ismi diğer isim ve sıfatları kuşatmıştır. Muhammed (*s.a.s*) kendisini biricik kılan şeyden dolayı kendisinin dışındaki varlıklara diğer isim ve sıfatlar ile bu vesîlelik makamından zuhur eder."[46]

"Allah Teâlâ, kendi isimlerinden Efendimiz'in vasıflandığı pek çok ismi Kur'an'da zikretmiştir."[47]

> Peygamber'in bu ismi alması (*Allah*), kendi varlığını yok edip, vücûdunda Allah'ın ahlâkından başka bir şey kalmamasıyla alâkalıdır.

"Allah, kudret, yoktan yaratma ve halk ve emrin *('Halk ve emir ona aittir.' A'râf, 54)* sahibi olan kimse demektir. Bu isim, zat, sıfat ve fiilleri kendinde toplar.

Bilinmelidir ki:

Bu ismin özelliği pek büyük, işi yücedir; anlayış ve akılların bu ismin sırlarını müşâhede etmelerine imkân yoktur. Beşerî kuvvet, ilâhî sırların

---

45 Kelimelerin bütünü

46 Abdülkerîm Cîlî, ***Hakîkat-i Muhammediyye***, çev. Muhammed Bedirhan, Nefes Yayınları, İstanbul 2010, 1. Baskı, s. 47-49

47 Abdülkerim Cîlî, ***a.g.e.***, s. 214

hakîkatlerini arama ve incelemede nasıl yol alabilir ve ferdaniyet memleketinin gizliliklerine nasıl muttali olabilir ki?
Hakk'a yaklaşmaya mazhar olmuş kimsenin Zat'tan nasibi, korku ve şaşkınlıktır. Binâenaleyh onlar, yeis ve istek arasında gidip gelirler: Hakk'ın celâlinin heybetine baktıklarında ümitsizliğe kapılırlar; cemâlinin ünsiyetine baktıklarında ise, arzu duyarlar.
Cemâl ünsiyeti olmasa idi, âriflerin eklemleri korkudan kopardı; şayet kavuşma arzusu olmasa idi, sevenlerin kalpleri hasretten erirdi.
Burada ben, Allah'ın kuluna bahşettiği bu isim ile ilgili ifade edilebilecek bazı sırlara işaret edeceğim. Hiç şüphesiz Allah, bahşeden ve ihsanda bulunandır; dilediklerine dilediği şeyleri ihsan eder. Bunların bir kısmı, keşif sırlarına işaret eden ismin harflerine ait hakîkatlerdir.
Bilinmelidir ki:
Bu isim, tahkik ehline göre, sayıca beş, lafızda ise, altı harften meydana gelmiştir. Bunlar, Zât-ı müteâl'in beş mahsus âlemi (*hazarat-ı hams* [48]) ve altı farklı ciheti (*dört yön, alt ve üst* [49]) ve de neredelik yollarını ihâta etmesine işaret ederler.
Bu harflerden birisi, Elif'tir. Elif'te birtakım işaretler bulunmaktadır; bunlardan birisi, hemzenin yazıda elifte gizlendiği gibi, elifin de lafız olarak hemzede gizlenmesidir. Bu durum, varlıkların mazharlarının başlangıçta bilinmeyen gaybda gizlenmesine işaret eder. Buna karşın ilâhî Zât'ın sırları ve ezelî sıfatların hakîkatleri de, daha sonra mazharların şekillerinde gizlenirler."[50]

"Elif'te bulunan başka bir sır da şudur:

> Elif harfi bütün harfleri ihtiva eder. Allah isminin bütün isimleri istivâ etmesi gibi. Bütün isimler Allah ismi içinde gizlenirler. Bu yüzden Allah isminin anılması ihtiyacımız olan ismin anılması-

---

48 Derleyenin Notu
49 Derleyenin Notu
50 Sadreddin Konevî, ***Esmâ-i Hüsnâ Şerhi***, ter. Ekrem Demirli, İz Yayıncılık, İstanbul, 2004, 2. Baskı, s. 25-26

dır. Bu hemzenin elifte gizlenmesi gibidir. Buna karşılık Allah'ın herhangi bir isminden yardım isteyen kişi de direkt Allah'tan yardım istemiş olur ki, bu da elifin hemzede gizlenmesidir.

Elif, nefesin ortaya çıkışının ta kendisidir, söz konusu nefes, göğsün içinden çıkıp, bütün harf mahreçlerinin derecelerinde belirlenir ve harflerin sûretleriyle zuhur eder. Çünkü bütün harfler, harfler âleminde bulunuşları itibariyle, bu nefes vasıtasıyla ayakta dururlar.

Nefes, harf sûretlerinin heyûlâsı iken, harflerin zâhirleri de, bu nefesin tafsilleşmesinin sûretleridir. Söz konusu bu sûretler, nefesin birliği halinde nefesin aynısı; buna karşın, her birisi harflerin mahreç derecelerinde yekdiğerinden farklılaşır.

Aynı şey, Nefes-i Rahmânî'nin uzayıp, var olanların mertebelerini ve mümkün fertlerin nefislerini ihâta edişinde de söz konusudur; bu mümkün fertler, ulvî-rûhânîleri ve süflî-cismânîleri içerir. Çünkü bunların hepsi, Allah'ın bitmez tükenmez kelimelerinin sûretleri ve tecellîlerinin çeşitlenmeleridir. Hak ise, varlık mertebelerinin a'yânının harflerinde taayün eden ve var olan şeylerin mazharlarında zuhur edendir. Hakk'ın bu mazharlardaki zuhûru ve taayyünü, onların kabiliyet ve özelliklerine bağlıdır.

Her şey, O'nun kabzasındadır; varlıkları Allah'tadır, kaim oluşları Allah sayesindedir, ortaya çıkışları O'ndandır ve dönüşleri de O'nadır. Çünkü Mele-i a'lâ Hakk'ı talep ettiği gibi, süflî âlemler de O'nu talep ederler. *'Her nerede olurlarsa olsunlar Hak onlarla beraberdir.' (Hadîd, 4.); 'Biz, ona şah damarından daha yakınız.' (Kâf, 16).*

Beşerî Nefes'in Mertebeleri:

Bilinmelidir ki:

İnsan nefesinin üç mertebesi vardır."[51]

Konevî'ye göre, birinci mertebe insanda ortaya çıkacak ismin tecellîsinin nefesin içinde olduğunu bildiğimizden, nefesin henüz

51 Sadreddin Konevî, ***a.g.e.***, s. 26-27

üflenmeden o ismi içinde barındırması haline birinci hâl denir. İkinci hâlde nefes üflenir (*Ol emri*). Üçüncü hâlde o kişide o isim zuhur eder.

Elifin yazı halindeki hareketleri de üç durumdadır: Birincisi düz hareketi. Bu hâl şu âyete işarettir: "*Çünkü O gökte ve yerde ilâh olandır. Göklerde ve yerde ve bu ikisinin arasında ve toprakta olan her şey O'na mahsustur." (Tâ-Hâ, 6)*

İkinci hareketi genleşme hareketidir ki, "B" oluşur. Ve iki Bir'in ürünüdür. Bu gizli ilimlerin bilinmezlerinin ortaya çıkmasını, Hakk'a ait sırların yaratılmışta tecellîsini yani Berzah'ı temsil eder. Üçüncü hareket ise döngüsel harekettir. Bu da ilk mutlaklığa geri dönmek için gösterilen çabadır ki, ölmeden önce ölerek gerçekleşir.

Elif harfinden sonra gelen iki lam'ı incelersek; birinci lam melekûtu anlatır. Bu da kuldaki hakîkati gösterir. Ve tecellîler önce feyzi kabul eder, buradan a'yâna doğru yayılırlar. İkinci lam ise mülk âlemindeki tecellîgâhlara işaret eder. İki lam'ın birleşmesi şehâdetin gaybda (*içte*), zuhûrun dışta bulunmasına işaret eder. Mülk görünüşte melekûtu taşır. Şehâdette ise melekût mülkü taşır. Bu demek oluyor ki görünüşte iç âlemin dışının içinde, şehâdette ise dış âlemin yani mülkün melekûtun içindedir.

Görülüyor ki Allah ismi O'nun bütün isim ve sıfatlarını niteleyen Zât'ının ismidir. Allah kelimesini açarsak, türemiş bir isimdir. el-Veleh isminden türemiştir. Kelimenin aslı vilâhe'dir. Vav hemzeye dönmüş ardından mârifetlik lam'ı eklenmiş, bu da aşırı hürmetten asıl lam'a birleştirilmiş. Böylece kelime Allah olmuştur. Yani Allahu Teâlâ kendisini bilen âriflerin yöneldiği, âlimlerin ise cemâline âşık olduğu yegâne sevilendir. Bakara Sûresi'nin 165. âyetinde *"Îman edenler en çok Allah'ı severler."* buyrulmuştur.

Başka bir görüşe göre "elihe ileyhi" (*O'na sığındı*) kelimesinden türetilmiştir. Çünkü Allah yegâne barınaktır. Başka bir kökü bir yere ikamet edildiğinde kullanılan elihtü bi'l-mekân (*mekâna yerleştim*) deyiminden oluşur. Bu da âlemin Hakk'ın mekândaki zuhûru olduğunu belirtir. Kelimenin ilâhetten türediği düşünülürse bu da ibâdet demektir. Her mekânda secde edilen yer anlamına gelir. İlâhiyet kelimesinden türemiş olduğu düşünülürse, yaratmış, icada muktedir olmuş demektir. Lahe yani yelehu kelimesinden türemiş olduğu düşünülürse, perdelenmek demektir ki, kibriyâsının örtüsü ve azametinin kemâliyle perdelenmiş demektir. *"Gözler O'nu idrak edemezler. O, onları idrak eder. O, latif ve habîrdir." (En'âm, 103).* Lahe yani yelihudan türediği düşünülürse yükseldi demektir ki, gerçek yüksekliğin Allah'a ait olduğu anlaşılır. Velihe el-fasilu'dan türetildiği düşünülürse, deve yavrusunun annesine düşkünlüğünü anlatır. Bu da kulların bütün sıkıntı ve dileklerinde, Allah'a yalvarırken istekli ve tutkulu olduklarını gösterir.

Başka bir görüşe göre Hakk'ın gaybı ve mutlak hüviyetine ait He harfidir. Bunun zuhûru için harfe lam eklenmiştir. Bu lam onun mâlik olduğuna işaret eder. Ardından ise kelimeye ortağın bulunması ihtimalinin kalkması için elif lam ilave edilmiştir. Yegâne azamet ve kibriyâ sahibi olduğuna delildir.

Bir görüşe göre ise hayrete düşmek anlamındaki elihe-ye'lehu kelimesinden türetilmiştir. Bu da akıl sahiplerinin Allah'ın celâlinin büyüklüğünden şaşırıp kalmalarına delâlet eder (*tenzih*).

"Bilinmelidir ki:

Bu ismin özelliği ve yüceliği şudur: Allah Teâlâ, bu ismi Hakk'ın zâtından başkasının ismi olmaktan korumuştur. Bunun nedeni, bu ismin Zât-ı ahadiyete kâmil anlamda delâlet etmesidir. Gerçi bütün ilâhî isimlerin Hakk'ın zâtına bir delâleti vardır. Fakat 'Allah' isminin dışındaki her ilâhî isim, Zât'a delâlet etmesinin yanı sıra, selb veya ispat gibi başka bir anlama da delâlet eder. Bu nedenle de, diğer isimlerde bu isim gibi, Zât'a delâlet etme gücü olmamıştır."[52]

"Binâenaleyh, Allah'ı bilen kimse, her şeyi bilmiştir. Eşyadan birisinin bilgisinden mahrum kalan kişi, gerçekte Allah'ı da bilmiyordur. Çünkü isimlerden birisinin hükmünün Allah'ı bilmede delâleti, hepsinin hükmü gibidir. Hidâyete ulaştıran sadece Allah'tır."[53]

Buradan anlaşılıyor ki, her yaratılmışta Allah'ı görmeyen, Allah'ı tanımıyor demektir.

"'Allah' lafzı, altı harf içermektedir: Elif, Lam, Lam, Elif ve Ha (*He*) Bunlardan dördü zâhirdir, yazıda görünürler. Baştaki elif ve gaybın başlangıcı olan lam, ki diğer lam'ın içine girdirilmiştir. Görünürlüğün (*şehâdetin*) başlangıcı 'lam' ve bu lam şeddeli olarak telaffuz edilir. Bir de kimlik 'ha'sı.

Bunların dördü telaffuzda zâhirdir. Kudret elifi, şehâdetin başlangıcı olan lam, zat elifi ve hüve'nin ha'sı. Bunlardan biri de ne lafızda ne de yazıda yer alan 'vav'dır. Ancak telaffuzda buna delâlet edilir. Hüve'nin vav'ını ve yazıdaki kimlik vav'ını kastediyorum.

Lam orta âlem içindir. Orta âlem derken mânevî bir âlem olan berzah âlemini kastediyorum. Ha, gayb içindir. Vav, şehâdet âlemi içindir. Allah mutlak gayb olduğu için ve içinde de şehâdet âleminin vav'ı da yer alınca, dudak harfi olan bu vav'ın Allah lafzında zuhur etmesi mümkün olmamıştır. Bu yüzden yazıda da telaffuzda da yer almaz. Yani gayb içinde gaybdır. İşte gayb dediğimiz zaman bunu kastediyoruz. (....)

Gayb âlemi, orta bir âlem olarak belirginleşiyor ve bu da akıl âlemidir. Çünkü bilmek istediği şeylere ait delilleri maddî âlemden alır. Böylece

52 Sadreddin Konevî, ***Esmâ-i Hüsnâ Şerhi***, s. 37-38
53 Sadreddin Konevî, ***a.g.e.***, s.38

şehâdet âlemi mutlak olarak gayb içinde gayb olur. Akıl ona doğru çaba sarfeder, ona hizmet eder ve sûreti de bir daire şeklinde olur."[54]

"İbâdete lâyık olan yalnızca O'dur. O'ndan başkası buna lâyık değildir. Tevhidin üç mertebesi vardır:

Birincisi: Henüz işin başında olanların tevhidi, yani Allah'ı birlemeleridir. 'Lâ ilâhe illallah' ile başlar.

İkincisi: Orta derecedekilerin tevhididir. Bu, 'Lâ ilâhe illâ ente'dir. Yani: 'Ancak sen varsın, Senden başka hiçbir ilâh yoktur.' Çünkü bu durumdakiler şühûd makamındadırlar, bunun da gereği hitaptır. Yani 'Sen' demektir.

Üçüncüsü: Kâmil olanların tevhididir. Bunlar, 'Vâhidu'l-Ehad' olan, yani tek olandan tevhidi duyarlar. Bu, 'Lâ ilâhe ene'dir. Yani: 'Ancak Ben varım, başkası yok' demektir. Çünkü bu derecede bulunanlar küllî anlamda fenâ (*yok oluş*) makamındadırlar. Peygamberler işte bu makamdadırlar. Onlardan asla hiçbir şey sâdır olmaz."[55]

---

54 Muhyiddin İbn Arabî, ***Risaleler***, ter. Vahdeddin İnce, Kitsan Yayınları, İstanbul, c. 1, s. 106-108

55 İsmail Hakkı Bursevî, ***Muhtasar Rûhu'l-Beyân Tefsîri,*** Damla Yayınevi, İstanbul 2010, c. 1, s. 439

ULÛHİYET

Ulûhiyet Hak'ta ve âlemde tecellî eden ilâhlık vasfıdır.

"Ulûhiyet Hakk'ın zâtî, nefsî, sıfâtî ve fiilî isimlerle bir tecellîgâhtaki tecellîlerinden ibarettir."[56]

"İbnü'l-Arabî ulûhî, ilâhî ve illî terimlerini ayrı anlamlarda kullanır: Ulûhî Allah'a izâfe edilmiş her nispet; ilâhî insana izâfe edilmiş ilâhî isim; illî ise meleğe veya ruhsal şeylere izâfe edilmiş ilâhî isim demektir. Allah ve itikatlardaki ilâh terimleri hakkındaki izahlardan sonra İbnü'l-Arabî'nin düşüncesinde ulûhiyet terimini açıklarken iki noktaya temas edebiliriz: Ulûhiyet Zât'ın mertebesidir ve âlemlerden müstağni Zat'tan farklı olduğu gibi âlemin dileklerinin muhatabı olan rubûbiyetten de farklıdır. Her ne kadar Zât'ın bir hükmü olsa da, ulûhiyetin sûretlerinde tecellî eden hükümleri vardır ve bu tecellîleri vasıtasıyla akıl onun bilgisine ulaşır.
İbnü'l-Arabî şöyle der: 'Ulûhiyet Zât'ın mertebesidir ve yegâne sahibi de Allah'tır. Melûh[57] onu, o da melûhu talep eder. Zat ise her şeyden müstağnidir. Ulûhiyet Allah'ın zâtından başka bir şey değildir. Şu var ki anlamı zat oluşu yönünden Hakk'ın anlamından farklıdır. Böylece ulûhiyet kendisinden başka bir şey değilken, Hakk'ın zâtını iki yapmıştır. Ulûhiyet nispeti sayesinde Allah, Allah diye isimlendirilmiştir.' (*Allah'ın hiçbir zaman idrak edilemeyeceğini bilmemiz, O'na tapmamızı gerektirir. İşte bu bakış açısından Allah'ın adı tapılması gereken ilâh, sıfatı ulûhiyettir.*[58])

56 Abdülkerim Cîlî, ***Hakîkat-i Muhammediyye***, s. 58
57 İlâha tapan
58 Derleyenin Notu

İbnü'l-Arabî'de ulûhiyet Hakk'ın ilâh –yani mâbud (*tapılan*)- olması yönünden nitelendiği ilâhî isimler (*el-Kuddûs, es-Subbûh gibi*) grubudur. Rubûbiyet ise varlığı yöneten ve onda tasarruf sahibi olması yönünden Hakk'ın nitelendiği isimler –el-Hâlık (*Yaratan*), el-Müdebbir (*Yöneten*) gibi- grubudur. O halde ulûhiyet merbûbun (*Rabbin kulu*) dileklerini yönelttiği rubûbiyetin karşısında ibâdet ve tenzih edilir olması yönünden Zât'ın mertebesidir.

İbnü'l-Arabî şöyle der: 'Ulûhiyetin esasta hepsi bir olan bazı hükümleri vardır. Bu hükümlerin sûretlerinde âhiret hayatında tecellî gerçekleşir. Çünkü Peygamber'in Rabbini görüp görmediği konusunda görüş ayrılığı vardır.

Akılların özel işleri algıladıkları bir nûru vardır. Aklın nûru vasıtasıyla ulûhiyet ve ulûhiyet hakkında gerekli ve imkânsız meseleler öğrenilir. Ulûhiyet zat ve yaratılmışlar arasında berzahtır (*perde, vasıta*). (*Kul Allah'a tapmasıyla ilâhî isimleri idrak edebilir, o halde kulun idrakiyle Allah arasındaki berzah ulûhiyettir.*[59]) O bütün yaratıklara yayılan güzel isimlerdir: Hak yaratıklar ile âlemlerden müstağni zâtı arasında bulunur. Ulûhiyet berzah noktasındaki ceberut mertebesindedir ve böylelikle bir yandan âleme, bir yandan da Zât'a bakar. Bu nedenle o pek çok sûrete girebilir ve değişebilir. Ulûhiyetin âleme dönük bir yüzü vardır, onunla halkın sûretlerinde tecellî eder; Zât'a dönük bir yüzü vardır, onun vasıtasıyla zâta gözükür. Yaratılmış Zât'ı bu berzah –ulûhiyet- ardından bilebilir. Zat da yaratılmışta o berzah -ulûhiyet- sayesinde hükmünü icra eder. Ulûhiyeti araştırdık ve gördük ki: O kendileriyle duâ ettiğimiz ilâhî isimlerdir.

İbâdet edilen şeylere sövmeyiniz! Çünkü ulûhiyet mevcutlara sirâyet eder, böyle olmasaydı onlar varlıklarını sürdüremezlerdi. Ulûhiyet onlara süreklilik özelliği kazandırmasaydı, varlıklarını sürdüremezlerdi.

59 Derleyenin Notu

Hakk'ın âlemin sûretlerinden ayrılması mümkün değildir. Ulûhiyet gerçek anlamda –mecâzî değil- ona aittir; insan için ise mecâzîdir."[60]

"Ulûhiyet; âlemin bekânın aynında fânî olmasını, fenânın aynında da bâkî olmasını gerektirir. Ulûhiyet tecellîsinde; sûreti (*şekil*) halk olan Hak'tan ve mânâsı Hak olan halktan başka bir şey mevcut değildir."[61]

Hz. Mevlânâ, ulûhiyetin kimde tecellî ettiğini bir *Mesnevî* hikayesinde şöyle anlatır:

"Anadolu ve Çin ressamları birbirleriyle bahse girdiler. Her iki taraf da kendi resim ve nakış sanatının ötekinden üstün olduğu iddiasındaydı. Padişah, onlara 'Birbirinizle çekişmeyi bırakın, ortaya eser koyun!' dedi. Râzı oldular. Bunun için önce Çinliler, kendilerine husûsî bir çalışma yeri istediler. 'Anadolu ressamları bizim yaptıklarımızı görmesinler, bizden ayrı ve uzakta dursunlar' dediler. Çin nakkaşları, yapacakları resimlerin taklit edilmesinden korkuyorlardı. Padişah her iki ressam zümresine ayrı odalar tahsis etti. İki tarafın odaları, kalın bir perde ile birbirinden ayrılmıştı.

Çinliler padişahtan türlü boyalar istediler. O da onlara hazinenin kapısını açtı. İstediklerini aldılar. Anadolu ressamları çok şey istemediler. Duvarlardaki pasları giderecek ve onları cilâlayıp parlatacak bir çalışma için gereken şeyleri aldılar. Rum ressamları çok renkli olmaktansa renksiz olmayı tercih ediyor, renksizliğin faziletini anlamış bulunuyorlardı.

Çalışmalar uzun sürdü. Her iki taraf da kendi odalarında sessiz çalışıyorlardı. Çinliler, yaptıklarını Rûmîlerin görmeyişinden memnun, renk üstüne renk işliyor; renklerinin çokluğu ve güzelliğiyle gözler kamaştıran nakışlar yapıyorlardı.

Rûmîler ise başka fikirdeydiler. Onlar, bu kadar çok rengin nihayeti renksizliktir; mârifet, renklerin bolluğunda değil, renksizliğin zuhûrundadır

60 Suad el-Hakîm, ***İbnü'l-Arabî Sözlüğü***, çev. Ekrem Demirli, Kabalcı Yayınevi, İstanbul 2005, 1. Baskı, s. 633-634

61 Abdü'l-kerîm b. İbrahim el-Cîlî, ***İnsân-ı Kâmil***, s. 67-68

inancındaydılar. Nitekim göklerdeki bulutların, göllerdeki suların kendi renkleri yoktur. Onları renkten renge koyan, semâdaki güneştir. Çalışmalar bitince, Çinliler sevinçlerinden bayram ettiler. Davul çalıp oynadılar. İşlerinin bittiğini ve zaferin kendilerinde olduğunu bu seslerle ilan ettiler. Padişah onların yaptığı resimleri gördü ve hayran oldu. Bu renk saltanatına, bu şekil güzelliğine can ve gönülden vuruldu.

Sıra Rum nakkaşlarına gelince, onlar sadece Çin ressamlarıyla kendi resim odaları arasındaki perdenin kaldırılmasını istediler. Odalarının duvarları öylesine cilâlanmış, öyle parlak aynalar haline gelmişti ki perde kalkıp Çin nakışları bu duvarlara aksedince resimler, orada olduklarından defalaca güzel göründüler. Eşyanın suda aksi gibi bu odada her güzellik cilâ ve ayna güzelliğiyle birleşiyor, aslından daha alımlı oluyordu.

Ey oğul! Buradaki Rum nakkaşları o sofîlerdir ki onların ne tekrarlanacak dersleri, ne kitapları, ne de hüner gösterme merakı vardır. O odalar, sofî gönülleridir ki en parlak aynalar gibi her türlü tozdan ve pastan tertemizdirler. Bu aynalara güzelliklerin en hakîkîsi akseder. Tecellî işte böyle aynalarda yani bu dereceye ermiş sofî gönüllerinde olur. Onların gönüllerini bu hâle koymak için temizledikleri nedir, diye sorarsan, kindir, kibirdir, benlik ve ikiliktir, şehvettir, ihtirastır."[62]

"Ulûhiyet; zâtın mazharlarının, kendisine ve başkasına şümûl (*ihâta, içine alma*) itibariyle, en faziletlisidir. Bundan dolayı, Allah ehli kimseler, Ahadiyet tecellîsini menetmiş, fakat Ulûhiyet tecellîsini menetmemiştir Çünkü; Ahadiyet sırf zattır ve sıfatların o zatta asla zuhûru yoktur. Böyle olunca nerede kaldı ki, mahluk, o ahadiyette zâhir olsun? Bundan dolayı herhangi bir şekilde Ahadiyeti mahlûka nispet etmek imkânın dışındadır."[63]

Allah'ın Zât'ını düşünmek ve gizliliğini araştırmak kulun haddi olmadığı için Allah bunu yasaklamıştır. Bunun yerine isim ve sıfatlarının zıtlığı ile O'nun birliğini idrak etmeye izin vermiştir.

62 Ken'an Rifâî, ***Şerhli Mesnevî-i Şerif***, Kubbealtı Yayınevi, İstanbul: 2000, 2. Baskı, s. 511-512
63 Abdü'l-kerîm b. İbrahim el-Cîlî, ***İnsân-ı Kâmil***, s. 125

Bu yüzden Ahadiyet anlaşılamaz fakat Ulûhiyet ise Allah'ı idrak için yegâne yoldur. Sultan Veled bu konuda şöyle buyurmuştur:

"Allah'ın işleri hususunda düşününüz; Allah'ın Zât'ı hakkında düşünmeyiniz; buyrulduğu gibi Hakk'ı temâşâ etmek isterseniz O'nun zâtını düşünmeyiniz. Zîra O'nu anlamak gücü sizde yoktur. Bu yüzden üzüntülü ve sıkıntılı olup hiçbir zaman bu bağdan, yani girdaptan kurtulamazsınız. Eğer Allah'ın sanatı ve işleri hususunda düşünürseniz, fikriniz daha çok gelişir ve ferahlık duyarsınız.

Eğer bir kimse, baharın gerçeğini, aslını düşünür ve ona, gözünü ancak bu bir noktaya diker ve: 'Elbette baharın gerçeğini, aslını ve onun ne olduğunu ve nasıl vücut bulduğunu, neden ibaret olduğunu görmek isterim!' derse, o kimse, baharı temâşâdan mahrum kalır ve hakîkatini de hiçbir zaman bilemez. Gözü kamaşır, kararır ve hatta kapanır. Bu faydasızdır ve böylece hiçbir neticeye varamaz. Bu hususta ne nispette uğraşırsa rûhî sıkıntısı ve zulmeti de o nispette artar. Fakat böyle yapmayıp da sahraya, çemenliğe, bahçelere ve güllüklere, ağaçlara, meyvelere, çiçeklere, rengarenk goncalara, yeşilliklere ve akar sulara bakarsa, bu tabiî sergide baharın fevkalâde güzelliğini görür ve rûhu ferahlık bularak sıkıntı ve gamdan kurtulur. Bu hususta ne kadar çok düşünürse onun ferahlığı da o ölçüde artar. Baharın güzelliğini, letâfetini daha iyi anlar ve bilir.

Hakk'ın zâtını da bahar mevsimi gibi tasavvur ediniz ve gök, yer, güneş, ay, yıldızlar ve dağlar, denizler, türlü türlü insanlar, sûret güzelleri olan kadınlar ve çocuklar, mânâ güzelleri olan evliyâ ve peygamberler hakkında düşüncenizi işletin ve bunları görmeye, tanımaya çalışın, bu güzelliklerin, eserlerin ve iyiliklerin âşığı olun; sanattan sanatkâra gidin ki Allah'ı görmüş ve tanımış olasınız."[64]

"Şunu iyi bilmek gerektir ki; varlık ile yokluk birbirlerinin karşılığıdır. Ulûhiyet feleği bu ikisini ihâta etmiş haldedir. Çünkü, Ulûhiyet: Kadîm, hâdis, hak, halk,

64 Sultan Veled, ***Maârif***, çev. Meliha Anbarcıoğlu, Konya ve Mülhakatı Eski Eserleri Sevenler Derneği, Konya 2002, s. 35-36

varlık, yokluk gibi biri diğerine zıt olan sıfatları ihtiva etmiştir. Bu bakımdan, ulûhiyette varlığı vâcib olan şey, vâcib olarak zuhûrundan sonra muhal olarak da zâhir olabilir. Muhal olan şey de muhal olarak zuhûrundan sonra vâcib olarak zâhir olabilir. Ulûhiyette Hak, halk şekli ile zâhir olur. (...)

Bu durum da: Hakk'ın ulûhiyette zuhûru: Mertebelerin en kâmili, en ulvîsi; mazharların en faziletlisi ve en ulvîsi iledir. Halkın ulûhiyette zuhûru; mümkinattan (*varlıklardan*) olan şeylerin nevilenmek (*çeşitlenmek*), başkalaşmak, yokluk ve varlık bakımından müstahik (*lâyık*) olduğu mertebeye göredir.

Varlığın ulûhiyette zuhûru; Hakk'ın, halkın ve bunlardan her birinin fertlerinden mertebece müstehak olduğu kemâle göredir.

Yokluğun ulûhiyette zuhûru; sırf fenâda (*yokluk*) olmayan en mükemmel şekilde gizliliği, sadeliği, mahv ve yokluğu şekliyle olur. Yokluğun Ulûhiyette zuhûru meselesini akıl ve fikir yoluyla idrak etmeye, bilmeye imkân yoktur.

Zîra ancak, ilâhî tecellî ile bilinen umumî ve ilâhî tecellîden ilâhî keşfe mahsus bir zevk ile ulaşabilen, bu sırrı anlar.

Ayrıca O sırrın bulunduğu yer, evliyâullahtan kâmil olanların hayrete düştüğü yerdir. İşte bu ulûhiyet sırrına Resûlullah (*s.a.s*): '*Ben, sizin Allah'ı en çok bileniniz ve ondan en çok korkanınızım.*' hadîs-i şerîfi ile işaret buyurmuştur.

Görüldüğü gibi burada Resûlullah (*Rab*)dan, (*Rahmân*)dan değil de 'Allah'tan korktuğunu söylemiştir. Yine bu sırra: '*Bana ve size ne işleneceğini ben bilmem.*' (*Ahkâf, 9*) âyet-i kerîmesinde de işaret vardır.

Yani Peygamber (*s.a.s*) yukarıdaki hadîs-i şerîfi ile şunu demek istiyor: 'Ben, mevcut varlıkların içinden Allah'a ve Allah'ın katından izhar olunacak şey'e en çok vâkıf bir kimseyim. Fakat ilâhî tecellîde ne şekilde zâhir olacağımı bilemem. Ulûhiyetin hükmü neyi gerektirirse ona göre zâhir olurum.'

Ulûhiyetin hükmünde ise nakîzi (*zıddı*) olmayan kanun mevcut değildir. Bu bakımdan o hüküm/hem bilinir, hem bilinmez. Ve ona cehâlet hem taallûk eder, hem de etmez. Zîra, ulûhiyet tecellîsinin (*kesret âlemi*) ile ilgili tafsilâtına vâkıf olmanın sınırı yoktur. Onun için ulûhiyette mufassal bir şekilde idrâkin taallûkuna ve vukuuna hiçbir şekilde imkân ve ihtimal yoktur.

Çünkü; sonu olmayan Hak, 'Allah' hususunda böyle bir idrakin vukuu imkânsızdır. Şüphe yoktur ki, sonu olmayan bir şey'i idrak mümkün değildir. Fakat, Hak Teâlâ bazan külliyet ve cemâl yoluyla bazı kimselere tecellî eder. Bu tecellîden nasîbi olan kâmiller ise derece ve mertebe itibariyle birbirinden farklıdırlar. İcmalden (*tecellîden*) ne kadar tafsilâta nâil olurlarsa ve 'Kebîrü'l-Müteâl' olan Hakk'ın onlara tecellîsi ne ölçüde olursa nasibleri de o tecellî ile mütenâsip bulunur. İşte kâmiller de kemâl eserlerinin tecellîlerinin zuhur (*ve eserlerine*) tâbidir."[65]

"Hasılı; Ulûhiyet, eseri müşâhede edilen fakat bakışta kaybolandır. Hükmü bilinir, fakat resmi görülmez."[66]

"Ulûhiyete ait bir sır daha vardır, o da: Kendisine şey adı verilen her eşya ferdinin, ulûhiyet heymenesi (*saltanatı*) altına giren diğer eşya fertlerinin hepsini zâtiyle ihtiva etmesidir. Zîra o şey kadîm olsun, hâdis olsun; var olsun, yok olsun, müsâvidir."[67]

> Ulûhiyet sırrıyla bütün yaratılmışa bakarsak, bizim haklılığımızın önemi kalkar. Çünkü bütün düzenin korunması için gereken hak önem kazanır.

"Bunun temsili şöyledir: Bütün aynalar birbirleriyle karşı karşıya konduğu zaman o aynaların her biri diğerlerinin hepsini ihtiva eder. Karşı karşıya konan aynaların her birinde diğerinin ihtiva ettiği şey mevcuttur, denildiğinde; o aynaların birinde mevcut olan ancak onda görülen şeydir. Hepsini ihtiva eden ve müteaddit fertlerden ibaret bulunan diğer ayna fertlerinin hariçte kalması gerekir şeklinde düşünülürse, cevaben: 'Varlığın her ferdinin ihtiva ettiği şey yalnız zâtının hakkına göredir. Ondan fazla değildir' demek mümkündür. Böyle değil

65 Abdü'l-kerîm b. İbrahim el-Cîlî, ***İnsân-ı Kâmil***, s. 126-129
66 Abdü'l-kerîm b. İbrahim el-Cîlî, ***a.g.e.***, s. 132
67 Abdü'l-kerîm b. İbrahim el-Cîlî, ***a.g.e.***, s. 133

de şayet; karşı karşıya olan aynaların her birinde hepsinin varlığı kabul edilir de varlıkların hepsi, varlık fertlerinin her birinde mevcuttur denilirse, bu da câizdir. Fakat hakîkatte; bu sözler esas maksadın özüne geçirilmiş kabuktan ibarettir. Bu söylediklerim bir bakıma tuzaktır ki, Ahadiyet ağına fikir kuşunun düşmesi arzusunu taşımaktadır.
Hasılı Zat'ta sıfata ait müstehak olduğu her şey'i görürsün. Bu sözlerimin kabuğunu bir tarafa atarak özünü al ve yüzdeki örtüyü görüp de, yüzü göremeyenler gibi olma."[68]

> Ulûhiyet Zat'tır, fakat ortaya çıkışı ve tapana ihtiyaç duyması bakımından Zat'tan ayrıdır. Çünkü Zat'ta ihtiyaçsızlık vardır. Zat zuhur ve tecellî etmez ama ilâhlığı açısından zuhur ve tecellî eder. Yani Allah'ın zâtının hakîkati asla tecellî ve tenezzül etmezken, zâtın ilâhlığı zâta tapılması yönünden tapana ihtiyaç duyar. O zaman ulûhiyet sadece tapılanın zat olması yönünden anlatılıp îzah edilemezken, tapanların olması yönünden açıklanıp îzah edilebilir.

"İbnü'l-Arabî sürekli değişen ulûhiyet ile –çünkü Allah sürekli sûretlerde tecellî eder- her ilâhî isme ait rablığı ayırt eder. Rablık Allah adına sabittir ve başkalaşmaz:
Rab sabittir, ilâh ise isimlere göre çeşitlenir. '*O her gün bir iştedir*'.
Nispet ve bağıntılardan arınmış Zât'ın karşısında Allah bütün isimleri *(isim ve sıfatları)* kendinde toplar. Allah ancak âlem vasıtasıyla bilinebilir, başka bir ifadeyle ilâh melûh *(ilâhın kulu)* sayesinde bilinebilir; Zat nispetlerden soyutlansaydı ilâh olmazdı. Bu nispetleri varlıklarımız meydana getirmiştir. Böylece biz melûh olmakla onu ilâh yaptık. Biz O'nu bilene kadar O bilinmez. Bazı filozoflar âleme bakmadan Allah'ın bilinebileceğini iddia etmişlerdir ki, bu yanlıştır. Evet kadim ve ezelî bir Zat bilinebilir, fakat melûh bilinmeden onun ilâh olduğu bilinemez. Bu yüzden o kendisine delildir. Keşif şu bilgiyi vermiştir: Hak kendisi-

68 Abdü'l-kerîm b. İbrahim el-Cîlî, ***a.g.e.***, s. 133-134

ne ve ulûhiyetine delilin ta kendisidir. Âlem Hakk'ın varlıklarını sabit hakîkatlerine *(âyân-ı sâbite, mümkünlerin ilâhî ilimde sabit hakîkatleri)* tecellîsinden ibarettir. Bu tecellî olmasaydı mümkünler var olmayacaktı. Hak âyân-ı sâbitenin hakîkatlerine ve hallerine göre sûretten sûrete girer ve başkalaşır.

Sizi ilâh yapalım diye bizi var edin; beni yok etme, sen de yok olursun. *(Halk olmasa hak bilinemez, fakat Hakk'ın en mükemmel tecellîsi olan insân-ı kâmil olmasa hakîkat asla bilinemez. Zîra kendini mükemmel sanan birisi aynaya baktığında ancak kusurlarını görebilir. Dolayısıyla âlem, kâmil insana aynadır; halk da kendini o aynada seyreder.*[69]*)*

Allah Hüve (*O*) tecellîsinin mazharıdır: Birinci tanımda Allah ismini Zât'ın özel ismi olarak görmekteyiz. Buna karşın İbnü'l-Arabî burada Allah ile Zat arasına Hüve zamirini yerleştirir. *(Hüviyet*[70]*)*

Zat bütün isimlerin anlamlarını içeren isimde, yani Allah isminde tecellî ve zuhur eder. Hüve'de tecellî ve zuhur ederken Allah ismi bütün isimlerde tecellî ve zuhur eder. *(Allah isminde isimlerin bütünlenişi, hüviyette ise isimlerin ortaya çıkışı vardır. Onun için Allah ismi yaratılmaz ancak hüviyette tecellî eder.*[71]*)*

Şu halde hüviyet mertebesi her çeşit sınırlanma ve ilişkiden münezzeh hüviyet mertebesiyle melûha *(ilâhın kuluna)* bağlı ve onunla irtibatlı ulûhiyet mertebesini ayırır.

Zat hem sıfatlara hem de hüviyete aittir. Bu anlamda Zât'a göre Hüve, Zât'a göre sıfatlar gibidir. Allah ismine göre Hüve sıfatlara göre Zat gibidir. Hüve'ye göre Allah Zât'a göre sıfatlar gibidir. Diğer isimlere göre toplayıcı isim (*Allah*) sıfatlara göre Zat gibidir. Allah ismine göre diğer isimler Zât'a göre sıfatlar gibidir. Bu durumda Zat Hüve, Hüve Allah ismi, Allah ismi ise bütün isimler üzerinde egemendir, çünkü bütün isimler ona, o Hüve'ye, Hüve ise Zat'a bağlıdır. Hüve Zât'ın tecellîgâhı,

69 Derleyenin Notu
70 Derleyenin Notu
71 Derleyenin Notu

Allah ismi Hüve'nin tecellîgâhı, bütün isimler Allah isminin tecellîleridir.

Allah ismi, âlem kayıtsız şartsız edilgen olduğu gibi kayıtsız şartsız etkindir. İbnü'l- Arabî şöyle der:

Her yönde, durumda ve mertebede müessir olan *(tesir eden)* Allah; her yönde, durumda ve mertebede edilgen olan ise âlemdir. *(Kudret Allah'tandır, kabul eden âlemdir.*[72]*)*

Allah yaratma ve benimsemeye konu olmayan gerçek, belirsiz ve bilinmeyen ilâhtır; dolayısıyla tanımlar onu belirleyemez. Yaratılmış ilâh ise bunun karşıtıdır. O, inançların sınırladığı ve kendisine tenzih işleminin nüfuz ettiği inançların ilâhıdır.

Gerçek ilâh yaratmaz ve kabule konu olmaz. *(Yaratma yoktan var etme olarak alınırsa gerçek ilâhla bağdaşmaz. Zîra Allah kendinden var edendir. Kul ise olmayanı var saymakla yaratma fiiline daha yakındır.*[73]*)* Çünkü onun ilâhlığı kendiliğinde gerçekleşmiştir.

Her düşünce sahibi idrak mahallinde yarattığı şeye inanmış ve tapmıştır. Kalbinde bulunan ise Mutlak İlâh değil, ancak yaratılmış ilâh olabilir. İnançlardaki ilâh tanımlarla sınırlıdır. O, mümin kulun kalbinin sığdırdığı ilâhtır. Mutlak İlâh'ı hiçbir şey sığdıramaz; çünkü o eşyanın ve kendisinin aynıdır.

Rablığın hiçbir şekilde katışmadığı mutlak kulluk sadece insân-ı kâmil için mümkündür. Kulluğun katışmadığı rablık ise Allah'a ait olabilir. Şu halde insân-ı kâmil mutlak kul, Hak ise Mutlak İlâh'tır.

Kesin inanç gelinceye kadar her tamlamada Rabbine ibâdet et. Hiç kimse tamlamadan ve bağıntıdan soyutlanmış ilâha tapmamıştır; çünkü öyle bir ilâh bilinmeyen ilâhtır.

Allah lafzının sonuncu anlamını geriye bıraktık; çünkü o bütün söylenilenleri anlamsızlaştırır. Bu bağlamda İbnü'l-Arabî'nin düşünce tarzına uysaydık ve O'na göre Allah'ı tanımaya kalksaydık, hiç kuşkusuz susardık; çünkü susmak tanımların yapamadığı bir tanımdır. Fakat akıl

---

72 Derleyenin Notu
73 Derleyenin Notu

tanımlanamayan da olmak üzere her şeyi mutlaka tanımlamak ister. Bu nedenle satırlarımızdaki Allah, inançlardaki ilâhların yeni bir tarzı olmasın diye kelimeler onun sadece mertebesini tanımlayabilmiştir. Gerçekten de Allah'ı nasıl tanımlayabiliriz ki? İbnü'l-Arabî'nin dediği gibi: Allah'tan başka ne gören ne görülen var!"[74]

"Hakk'ın mutlak birliği, ortağı bulunmayan ulûhiyet rütbesine tek başına sahip olmasıdır."[75]

"Ulûhiyet bilinir ve görülmez. Zat ise ulûhiyetin karşıtıdır."[76]

"Zat, herhangi bir şeye dayanmaktan münezzehtir. Fakat ulûhiyet izâfetleri kabul eder."[77]

Allah bilindi ama görülmedi, Peygamber görüldü ama bilinmedi.

"En yüce ufuk/ufuk-i a'lâ vâhidiyet ve ulûhiyet mertebesidir. Bu da aşkınlığın hakîkatidir. Hatta istersen sen buna aşkınlığın zirvesi de diyebilirsin."[78]

"Bilinmelidir ki: Ulûhiyet mertebesinin isimleri, kevn ve halk mertebelerine verilemez. Aynı şekilde, kevn ve halk mertebesinin isimleri de ulûhiyet mertebesine verilemez.
Esmâ, isim kelimesinin çoğuludur. Ulûhiyet mertebesinin isimleri, gerçekte, doksan dokuzdur. Bunlardan el-Musavvir *(tasvir eden)*, el-Kerîm, el-Mu'ti *(veren),* el-Mâni' *(engelleyen)* vb. bazı isimler mecâzî olarak verilebilse de, genel anlamda bu mertebenin isimlerinin halk ve oluş mer-

74 Suad el-Hakîm, ***İbnü'l-Arabî Sözlüğü***, çev. Ekrem Demirli, Kabalcı Yayınevi, İstanbul 2005, 1. Baskı, s. 55-57

75 Sadreddin Konevî, ***Esmâ-i Hüsnâ Şerhi***, ter. Ekrem Demirli, İz Yayıncılık, İstanbul, 2004, 2. Baskı, s. 187

76 İbn Arabî, ***Fütûhât-ı Mekkiyye***, çev. Ekrem Demirli, Litera Yayıncılık, İstanbul 2006, c. 1, s. 105

77 İbn Arabî, ***a.g.e.***, s. 109-110

78 Abdülkerîm Cîlî, ***Hakîkat-i Muhammediyye***, s. 275

tebelerine verilmesi uygun olmadığı gibi, ulûhiyet ismi de, yaratıklara verilemez.

Aynı şekilde cisim ve ruh gibi isimlerin de ulûhiyet mertebesine gerçek anlamda verilmesi doğru değildir. Oluş ve halk mertebesine ait isimleri, mecâzî olarak ulûhiyet mertebesine verilebilir. Nitekim bu gibi ifadeler, yüz, el, gelmek gibi hadis ve Kur'an'da yer aldığı tarzıyla mecaz olarak verilmiştir.

Allah Teâlâ şöyle buyurmaktadır: *'Her nereye dönerseniz, Allah'ın vechi oradadır.'* (*Bakara, 115*) Başka bir âyette ise şöyle buyurmaktadır: *'Allah'ın eli onların ellerinin üzerindedir.'* (*Fetih, 10*) Başka bir âyette ise *'O gün Rabbin gelir.'* (*Fecr, 22*) buyurmuştur."[79]

"Gerçekte tek hüküm olsalar bile, ulûhiyetin birtakım hükümleri vardır. Âhiret hayatında tecellî, bu hükümlerin sûretinde gerçekleşir."[80]

"Ulûhiyet, tekrar olmayacak kadar geniştir."[81]

"Allah mertebesi *(ulûhiyet)* tek olandır. Binâenaleyh, O'ndan başka ilâh yoktur ve O mülkünde ortağı olmayandır; mülk Allah'ın dışındaki her şeydir."[82]

"Ulûhiyet mertebesinde ortaklık iddiasında bulunan, yalancıyken o mertebenin sahibi doğru sözlüdür. Bu durumda kıskançlığın konusu, ilâhlığın bulunmadığı kimsenin yalan yere ilâhlık iddiasında bulunmasıdır. Öyleyse burada kıskançlık makam hakkındadır. Bu mertebe sadece bir kişinin olabilir, başkasının o mertebede payı yoktur."[83]

"Vahdet makamı ve ulûhiyet mertebesi gizli bir hazinedir. Herkesin kalbine ve zihnine gelen fikrî, aklî ve hissî nakış ve sûretler, hep o ha-

---

79 Abdülganî en-Nablusî, ***Âriflerin Tevhidi***, çev. Ekrem Demirli, İz Yayıncılık, İstanbul 2009, 2. Baskı, s. 43-44

80 İbn Arabî, ***Fütûhât-ı Mekkiyye***, çev. Ekrem Demirli, Litera Yayıncılık, İstanbul, 2008, c.1, s. 105

81 İbn Arabî, ***a.g.e.,*** c. 8, s. 316

82 İbn Arabî, ***a.g.e.,*** c. 14, s. 92

83 İbn Arabî, ***a.g.e.,*** c. 13, s. 54

zinenin parıltıları ve akisleridir. İşte bu parıltılar, hazinenin altunları mesabesinde olan ilâhî sıfatların parlak akisleri eseridir. Ama bu parıltı ve akisler, herkese istîdâdına göre ışık verir."[84]

"Ulûhiyet, mukaddestir. Dolayısıyla idrak edilemez ve katına ortak koşulmasından münezzehtir. Sen bensin, ben ise benim. Artık beni kendinde arayıp yorulma! Beni dışarıda arayıp rahatını kaçırma! Aramaktan da vazgeçme, yoksa bedbaht olursun. Bana kavuşuncaya kadar beni ara, böylece yükselirsin. Fakat beni arayışında edepli davran. Yoluna girerken, bilinçli ol. Beni ve seni ayırt et. Çünkü sen beni göremezsin, sadece kendini görürsün. Artık, ortaklık niteliğinde dur. Aksi halde bir kul ol ve de ki: İdrak edememeyi idrak, idraktir. Bu yola bir hür olarak katılır ve şerefli bir dost olursun."[85]

"Varlıktaki tesir ve fiilin dayandığı bütün ilâhî isimler, mücmel ve birlik özelliğiyle birlikte içkin hakîkat ve itibarlar, 'ikinci mertebe' denilen mertebede tafsilleşmiş ve ayrışmış hale gelirler. Bu mertebe ulûhiyet mertebesi, nefes-i Rahmânî, mânâlar âlemi, hakîkatlerin şekillendiği mertebe, ezelî ilim mertebesi, Amâ mertebesi, insanın hakîkati, imkân mertebesi diye de isimlendirilir. Bütün bunlar, hakîkati bir olmakla birlikte, ikinci taayyünün göreceli isimleridir. Bu mertebeye 'ikinci taayyün' denmesinin sebebine gelince: Bunun nedeni onun ilk taayyünün sûreti olmasıdır. İlk taayyün, yüce Zât'ın mertebesidir.
'Ulûhiyet mertebesi' denmesinin nedeni, daha önce de belirttiğim gibi, onunla ve kendisinde zuhur eden ikinci tecellînin bütün ilâhî isimlerin aslı olmasıdır; bu isimleri 'Allah' isminden ibâret 'câmi isim' birleştirir. Bu nedenle bu mertebede gerçekleşen tecellî, 'Allah' ismi ile isimlendirilir. Allah, kendisinden başka ilâh olmayandır. Çünkü kulların bakışı, o mertebeye ve ondaki tecellîye dönmüştür."[86]

---

84 Ken'an Rifâî, ***Sohbetler***, s. 265
85 İbn Arabî, ***Fütûhât-ı Mekkiyye***, c. 1, s. 135
86 Abdürrezzak Kâşânî, ***Tasavvuf Sözlüğü***, çev. Dr. Ekrem Demirli, İz Yayıncılık, İstanbul 2004, s. 137-138

"Hazretü'l-ulûhiyye (*ulûhiyet mertebesi*): İkinci taayyün. İsimler –ki ulûhiyetin rahmet, mülk, yaratma, rızk vb. niteliklerinin hükümleri onlar sayesinde ortaya çıkar- bu mertebede taayyün ederler. Ulûhiyetin öncesinde ise, hiçbir şekilde birbirlerinden ayrışmazlar ve mücmel halde bulunurlar."[87]

"Ulûhiyet, ikinci ceberutta[88] bulunur. Buna göre ulûhiyet, zâtıyla halka mukabil olduğu gibi, aynı zamanda Zât'a da mukabildir, bu nedenle de, tecellîlerde başkalaşma özelliğine sahiptir. Şu halde ulûhiyet, halk ile Hak arasında bir berzahtır. Herhangi bir kimsenin Zat hakkında bilgi sahibi olması, ancak ulûhiyetin ardından söz konusu olabilir; Zat da, ulûhiyet vasıtasıyla hükümrandır."[89]

"el-Hakîkatü'l-insâniyye *(insanın hakîkati)*: Ulûhiyet mertebesi. Mânâlar hazreti ve ikinci taayyün de denilir. Bu mertebenin insanın 'kemâl mertebesi' olmasının anlamı şu demektir: İnsân-ı kâmilin sûretinin ait olduğu bir mânâ; bu mânânın bir hakîkati vardır. Söz konusu hakîkat, ikinci taayyün diye isimlendirilen ulûhiyet mertebesidir." [90]

"Bil ki, insan Allah Teâlâ'nın zâtından yaratıldığında ilâhî yetkinliklerin hakîkati tâbîlik ve fer'îlik yoluyla değil de asıl olma yönünden zat ve mertebe bakımından ona ait oldu. Bundan dolayı insan zâtı ile ilâhî zâtın, hüviyeti ile ilâhî hüviyetin, vâhidiyeti ile ilâhî vâhidiyetin mukabilidir. İlâhî zâta ait yetkinlik sıfatlarından kendisinde bulunan sıfatlar ile ulûhiyetin mukabilidir."[91]

"Bil ki, ulûhiyet zâtının tecellî kılmasının özelliği şudur ki, ebediyen sonsuza kadar perde gelmez ona ve gönlünde Allah'tan başkasının sevgisi yerleşmez. Bütün mevcûdatın sırrı keşfolur. Küfür ve îmandan im-

---

87 Abdürrezzak Kâşânî, ***a.g.e.***, s. 206

88 vahdaniyette

89 Sadreddin Konevî, ***Esmâ-i Hüsnâ Şerhi***, ter. Ekrem Demirli, İz Yayıncılık, İstanbul, 2004, 2. Baskı, s. 56

90 Abdürrezzak Kâşânî, ***a.g.e.***, s. 218

91 Abdülkerîm Cîlî, ***Hakîkat-i Muhammediyye***, s. 297-298

tiyaz götürülür. (*Küfür-îman arasında fark kalmaz.*) Burada havf ve recâ yani korku ve ümit olmaz. Bu makamdakiler cehennemden korkmaz ve cennet istemez. Onların korkusu bir âlemden daha olur ama bu korku perdelilerin ve gafletlilerin korkusu gibi değildir. Korku ve ümitten (*beden*) mülkünde olur.

Bunlar gönül âleminde olurlar. Gönlünü 'hüviyet' ünsü *(yakınlık)* kaplamış, Hak Teâlâ'nın şevk ve muhabbetinin deryasına batmıştır. Öyle ki, arş ve içindekiler ve mâsivâ, ne varsa o gönle gelse binlerce sene ârifin haberi olmaz. Zîra mârifetin şevkinde ve ünsün lezzetinde boğulmuştur. Teveccüh âleminden her gece ona 'kadir' ve her gün ona 'bayram' ve her yer ona 'cebel-i Tûr' olmuştur. Bu makamda söz söylemek güçtür."[92]

"Yüce Allah, Nebî'sine (*s.a.s*), dolayısıyla bize 'Bil ki, Allah'tan başka ilâh yoktur, ancak O vardır' diye emrederken ne güzel söylemiş ve dikkatlerimizi bu gerçeğe ne güzel çekmiştir!

Bu cümle nefyin *(inkârın)* ispatın *(doğrulama)* aynısı, ispatın, nefyedenin aynısı, nefyedenin ispat edenin aynısı, ispat edenin ispat edilenin aynısı, ispat edilenin de nefyedilenin aynısı olduğuna delâlet eder.

(İnkâr = ispat, İspat = inkâr eden, İnkâr eden = ispat eden, İspat eden = ispat edilen, İspat edilen = inkâr edilen[93]*)*

Çünkü nefyedilen yalnızca ulûhiyettir. İspat edilen de yalnızca ulûhiyettir. Sabit olan, ispat eden ve ispat edilen de yalnızca ulûhiyettir. Çünkü ulûhiyet kendinde ispat edilmezse, başkasının onu ispat etmesi sahih olmaz. Eğer sabit olmayan bir ispat eden onu ispat ederse, bu sefer yalan olur. Dolayısıyla gerçekte kendisini ispat eden ulûhiyetin ta kendisidir. Hakîkatler makamından, hakîkatler makamına dair sözlerimiz altı hükümden ibarettir. Aslında bunlar Tek, Bir hakîkattir. Varlığın tümü de böyledir, yani gerçekte birdir ve beraberinde bir şey yoktur. Bu yüzden şerîatın şu işareti ne kadar da latiftir. *'Bunda aklı olan veya hazır bulunup kulak veren kimseler için bir öğüt vardır.' (Kâf, 37)* Hazır

92 Musa b. Şeyh Tahir Tokadî, İsmail Hakkı Bursevî, Hacı Bektaş Velî, Muhammed Nûr'ul Arabî, ***Gayb Bahçelerinden Seslenişler***, İnsan Yayınları, İstanbul 2012, 2. Baskı, s. 55

93 Derleyenin Notu

bulunan yani şâhit O'dur, kalp ve işitme de. Hz. Peygamber de '*O, vardı ve beraberinde bir şey yoktu*' buyurmuştur. Âlimler bu sözü Allah ile tamamlamış ve şöyle demişlerdir: O, şu anda olduğu gibidir. Dolayısıyla şu anda O, O'dur. Önce de O, O'ydu. O'ndan başka bir şey yoktur. Biz de mevcûduz. Öte yandan halin aynı hal ve aynın aynı ayn olduğu da ispatlanmıştır. Şu halde ortada zuhur eden bir gaybdan, gayb olan bir zuhurdan başka bir şey yoktur. Sonra gayb olmuş, sonra zuhur etmiş, sonra gayb olmuş. Eğer kitap ve sünneti incelersen, ebedî bir Bir'den başka bir şey bulamazsın. O, O'dur, her zaman ve ebediyen gaybdir."[94]

94 Muhyiddin İbn Arabî, ***Risaleler***, c. 1, s. 116-117

HÛ

"Sûfîlere göre Allah'ın zâtına işaret eden ismi.

Arapça'da üçüncü tekil şahıs zamiri olan Hû (*Hüve*) ilk tasavvuf kaynaklarında, cem' halini yaşayan sâlikin tevhid anlayışını ifade etmek amacıyla 'Hû billa Hû' ifadesi için de kullanmıştır. Baklî de bu ifadeyi 'aynü'l-cem'makamı' anlamında yorumlamıştır. Muhyiddin İbnü'l Arabî'ye göre Hû, hiçbir varlığın müşâhede edemeyeceği Allah'ın mutlak gayb ve sır olan zâtına işaret eder ki, bu da hadiste ifade edilen ihsan makamının karşılığıdır. 'Hüviyyet-i mutlak, sırr-ı vücûd, gayb-ı mutlak, amâ-yı mutlak' gibi tabirlerle de vücud mertebelerinin ilki olan bu makama işaret edilir. Hû bazı mutasavvufların lâhût, ceberut , melekût ve nâsut şeklinde sıraladıkları varlık mertebelerinin ilki olan ve künh-i zâta tekabül eden lâhût mertebesidir. Bu mertebe Allah'ın bütün isim ve sıfatlarının bâtını ve hakîkatidir. Necmeddîn-i Kübrâ'nın telakkisine göre, Allah ismindeki elif ve lam harf-i ta'riftir. Lam harfinin şeddeli olması tarifte mübalağa içindir, dolayısıyla Allah isminin aslı 'he' harfidir. Böylece canlıların alıp verdikleri her nefeste Allah'ın ismi olan 'he' sesi vardır. Alınan her nefesteki 'he'nin kaynağı kalp, verilen nefesteki 'he'nin kaynağı ise arştır. Hû kelimesindeki 'vav' ise rûhun ismidir.

Kelâm âlimi Fahreddin er-Râzî de gerek tefsirinde gerekse *Levâmi'u'l-beyyinât* adlı eserinde konuyu tasavvufî bir anlayışla yorumlamıştır. Râzî'ye göre İhlâs Sûresi'nin ilk üç kelimesi (Hû, Allah, Ahad) üç makamı ifade etmektedir : Hû, mukarrebunun makamı olup makamların en yücesidir. Buna göre bizâtihî var olan sadece O'dur: Onun dışındakiler mümkün varlıklardır ve yok hükmündedir. İkinci kelime olan Allah ashâb-ı yemîn'in makamıdır. Bu makamda olanlar

Hakk'ı ve halkı mevcut bilirler. Ahad ise vacîbü'l-vücûdun birden çok olabileceğini düşünen ashâb-ı şimâlin makamıdır (*Mefatihu'l-gayb, XXXII, 179*). Aynı müelife göre bu üç kelimeden Hû Kur'an'da nefs-i mutmainne (*Fecr, 27*), mukarreb ve sâbık (*Vâkı'a, 10-11*) diye anılanların mertebesine işaret eder. Allah, 'muktesid' diye anılan (*Fâtır, 32*) olan ashâb-ı yemînin mertebesidir. Bu aynı zamanda nefs-i levvâme mertebesidir. 'Zalimün linefsihî' (*Fâtır, 32*) olan ashâb-ı şimal ise nefs-i emmâre sahibidir. Râzî bu üç kelimeyi hakîkat, tarîkat ve şerîat mertebelerine de tatbik eder (*Levâmi'u'l-beyyinât, s. 111*).

İlk dönem sûfîlerinin kelime-i tevhidi (*lâ ilâhe illallah*) ve Allah ismini maksadıyla tekrar ettikleri bilinmekteyse de, 'Hû'nun aynı amaçla tekrar edilmesi özellikle tarîkatların teşekkülünden sonra yaygınlık kazanmıştır. Sûfîlere göre zikrin en faziletlisi Allah'ı bir şey isteme anlamı taşımayan bir ifadeyle anmaktır. Bundan dolayı talep mânâsı taşımayan ve Allah'ın zâtî ismi olan Hû en faziletli zikir telakki edilmiştir. Hz. Ali'nin çok defa 'yâ hû, yâ men hû, lâ ilâhe illâ hû' diye zikrettiği, kendisine bunun sebebi sorulduğunda 'Hû'nun İsm-i A'zam olduğunu söylediği rivâyet edilir. Gazâlî de 'lâ ilâhe illallah'ın avamın tevhidi olduğunu söyler. Allah hangi ismiyle zikrediliyorsa o ismin feyz ve tecellîleri istenir; mesela Kerîm ismiyle ihsan, Şâfî ismiyle şifâ umulur. Hû ismiyle yalnız O'nun zâtı istendiğinden bu ismin tecellîsi kâmil bir keşiftir.

Seyrü sülûklerini Allah'ın bazı isimlerini belli sayıda tekrarlamak sûretiyle gerçekleştiren tarîkatlarda (*tarîk-ı esmâ*) sâlik, nefs-i emmâre mertebesinde lâ ilâhe illallah, nefs-i levvâmede Allah, nefs-i mülhimede Hû ismiyle zikir yapar; böylece sırasıyla tevhîd-i ef'âl, tevhîd-i sıfât ve tevhîd-i zât makamlarına ulaşır.

Mutasavvıf şairlerin Hû kelimesiyle biten şiirlerinin bir kısmı ilâhî olarak bestelenmiştir. Hû kelimesi tarîkat folklorunda çeşitli anlamlarda yaygın bir şekilde kullanılmıştır. Mesela dervişler birbirlerine hitap ve cevap amacıyla Hû derler. Tekkeye girmek isteyen kişi izin almak için 'derstur' der, içeriden 'Hû' sesi gelirse girebilir. Tekke hayatında geniş bir uygulama alanı bulan gülbanklar Hû diye sona erer. 'Yâ Hû, bu da gaçer yâ Hû, hoş gör yâ Hû, Hayy'dan gelen Hû'ya gider, illâ Hû, edep yâ Hû, Hû çekmek' mutasavvıfların yanında halkın da çok sık kullandığı ifadelerdir."[95]

Nefs-i emmâre kendini yegâne varlık görenlerin makamıdır ki, bu makamdan yalnız Allah'ın birliğinin idraki ile kurtulunur. Bu yüzden de bu makamdan "lâ ilâhe illallah" çekilerek kurtulunabilinir. Mânâsıyla "lâ ilâhe illallah" diyenler kendi ilâhlıklarından vazgeçmiş olurlar. Nefs-i levvâme ise Allah'ın varlığını idrak ettiği halde kendi varlığının da var olduğunu zannedenlerin makamıdır. Bu yüzden Allah ismi ile yegâne varlığın Allah'a atfedilmesi sûretiyle bu makamdan kurtulurlar. Mülhimede ise ilham alan nefis olması hasebiyle Allah'ı hisseder, sever ve ona ibâdet ederse, zıtlıklardan birliğe varmaya çalıştığı için O'nun ilâhlığını düşünerek, her nereye dönse Allah'ın veçhi oradadır sırrı ile Allah'ından emin olur.

95 *Diyanet İşleri İslâm Ansiklopedisi*, c. 18, s. 260-261, Osman Türer

HÜVE

"Allâhu lâ ilâhe illâ huvel" âyeti ile *"Lâ ilâhe illallah, Muhammed Resûlullah"* ilişkisi

"Allah'ı tam anlamıyla bilenlere *(Burada yazar Allah kelimesinin mânâsını idrak edebilenlere göre demek istemiştir.*[96]*)* göre 'lâ ilâhe illallah' diye zikretmek, 'Allah, Allah' veya 'Hû, Hû' kelimeleriyle zikretmekten daha üstündür. Çünkü 'lâ ilâhe illallah' kelimesinde, hem nefy ve hem de ispat vardır. Yani bir yönüyle red, diğer yönüyle kabul *(Allah'ı kabul, başkalarını red*[97]*)*. Aynı zamanda bu kelime fazlaca bilgi ve mârifet içeriyor. Ben bu kelimeden şunu da anlıyorum: 'Lâ ilâhe illallah' dediğim zaman bu hakkanî şuhûd ile tüm yaratıkların fiillerinin, sıfatlarının ve zatlarının Hak olan Allah'ın sıfatları, fiilleri ve zâtı önünde fânîliğine şehâdet etmektir. Yine ben: 'Muhammedun Resûlullah' dediğimde, yine bu hakkanî şühud ile Rabbanî feyzin, nebîlerin ve resûllerin Efendisi Hz. Muhammed için bâkî olduğunu görüyorum. İşte kulun tevhidi, bu mahiyette olabilirse, hiç kuşkusuz böyle bir kimsenin tevhidi hakîkî ve hakkanî tevhid olur. Yoksa resmî ve nefsânî bir tevhid değil."[98]

Allah'tan başka hiçbir varlığın kendine ait isim ve sıfatı olmadığını idrak eden için ilâh kalmaz. Peygamber'den başka hiçbir varlıkta Rabbanî feyzin tecellî etmediğini bilen ise, Allah'ın Peygamber'deki tecellîsini idrak eden kişidir.

---

96 Derleyenin Notu

97 Derleyenin Notu

98 İsmail Hakkı Bursevî, ***Muhtasar Rûhu'l-Beyân Tefsîri,*** Damla Yayınevi, İstanbul 2010, c. 1, s.440

"Âyette yer alan 'Hüve-O' lafzı mukarrabin olanların makamına işaret eder. Bu makamdakiler eşyanın mahiyetini ve hakîkatini, hep Allah'ı hatırlatma düşüncesi ve inancıyla görürler. Bu itibarla mukarreb olanlar tüm varlıklarda başka şeyi değil de, yalnızca Allah'ı görürler. Çünkü Hak, yalnızca zâtı itibariyle varlığı gerekli olandır. Oysa Allah'tan başka her şeyin varlığı ile yokluğu eşit derecededir. Yalnızca O'nun varlığı vaciptir."[99]

"'Hak Teâlâ bana öyle bir fikir verdi ki, O'nun bütün mahlûkâtını onda gördüm; onda kalıp durdum; gece gündüz O'nun meşguliyeti beni sardı, fikir basîrete dönüştü; küstahlık muhabbete dönüştü; heybet ve vakara dönüştü; o fikirle O'nun birliğini kavradım ve öyle bir mertebeye ulaştım ki, fikir hikmete dönüştü, dosdoğru yola ve halka şefkat haline dönüştü; O'nun halkına karşı kendimden daha şefkatlisini görmedim.'
'Türkistan'dan Şam kapısına kadar birinin parmağına bir diken batarsa, o diken benim parmağıma batmıştır; aynı şekilde Türkistan'dan Şam'a kadar birinin ayağı taşa çarpsa, onun acısı benim acımdır; eğer bir kalpte bir hüzün olsa, o kalp benim kalbimdir.'
Ve yine der ki 'Her kim bu eve gelirse ekmeğini verin ve adını/dînini sormayın; zîra Ulu Allah'ın dergâhında ruh taşımaya lâyık olan herkes, elbette Ebû'l-Hasan'ın sofrasında ekmek yemeye de lâyıktır.'"[100]

---

99 İsmail Hakkı Bursevî, ***Muhtasar Rûhu'l-Beyân Tefsîri,*** Damla Yayınevi, İstanbul 2010, c. 1, s. 439

100 Doç. Dr. Hasan Çiftçi, ***Şeyh Ebu'l Hasan-ı Harakanî***, c. 1 (Hayatı Eserleri), Şehit Ebu'l Hasan Harakanî Derneği Yayınları 2, Kars, s. 21

HÜVİYET

Muhyiddin İbnü'l-Arabî, Tanrı'nın 'bâtın' olmakla birlikte ehl-i hak için en zâhir varlık olduğu düşüncesinden hareketle âlemin O'nun sûreti ve hüviyeti, Tanrı'nın ise varlığın rûhu olduğu görüşünü savunmuştur. İbnü'l Arabî'ye göre, 'Her şey varlığını O'na borçludur' demek yetmez, çünkü her şey O'nun kendi kendisini izhar ettiği bir görünüşüdür.

Hakk'ın özüne hüviyet denir. Bunun ortaya çıkışına ise şahsiyet denir. Şahsiyetin gelişmesi yani ortaya çıkması, kulun kendi hakîkatine yani kendindeki Hakk'a ulaşmasıyla mümkün olur. Hüviyet, Allah'ın, varlığı olmayan kulda tecellîsidir. Ben demeyen kulda Allah hüviyeti ile tecellî eder. Ben diyen kulda da tecellî eder ama kulun ben deyişi o tecellînin gözükmesini engeller.

İbn Arabî şöyle buyurur;

"Eğer dersen ki: 'Hüve'nin mâhiyeti nedir?' Deriz ki: Müşâhede edilemeyen gaybdır. O ne zuhur eden ne de mazhar olandır.
Nurlar görünenler, Hak ise nurdur. Bu nedenle müşâhede edilir ve görülür. Sırlar gaybdır, bu nedenle Hüve onlara aittir. Şu halde Hüve zuhur etmez. Hak da, Hüve oluşu yönünden müşâhede edilemez. Hakk'ın hüviyeti, onun hakîkatidir. Hüviyet bilinir, görülmez. Hüviyet, Hüve isminin verildiği mertebedir."[101]

"Hüviyet; Vâhid olan zâtın gaybıdır ve onun müşâhedede zuhûru muhaldir. Bu isim Allah isminden daha husûsîdir. Zîra Hüve, Allah is-

---

101 Suad el-Hakîm, ***İbnü'l-Arabî Sözlüğü***, çev. Ekrem Demirli, Kabalcı Yayınevi, İstanbul 2005, 1. Baskı, s. 310

minin sırrıdır. Allah lafzı husûsî yazılış şekli üzerine mevcut oldukça mutlaka mânâsı mevcuttur. Ve o mânâ da Hakk'a râcidir. Allah lafzının harfleri kaldırıldığında geriye kalan harfler de yine mânâ ifade eder. Mesela; Allah isminde elif kaldırılsa lillah kalır ve bir mânâ ifade eder. Lam kaldırılınca lehu kalır. Bunun da mânâsı vardır. İkinci lam da kaldırılırsa Hû kalır. Bu da Hû'nun aslı olan He'dir. Hüve'nin aslı, vavsız Hâ-i vâhide'den yani He'den ibarettir. Hüve isimlerin en faziletlisidir.
Resûlullah Efendimiz İsm-i A'zam için;
'*O, Bakara Sûresi'nin sonunda ve Âl-i İmrân Sûresi'nin evvelindedir*' buyurduğu İsm-i A'zam Hüve kelimesidir.
Hüviyet, her varlığın ve her müşâhede edilenin kemâlini ihtiva eden sarih ve sırf varlıktır. Gayblikle meydana gelen hükmün sebebi:
Sırf varlığı ihtiva etmenin mümkün olmadığıdır. Sırf varlığı ihtiva etmek mümkün olmadığı gibi idrak de edilemez. İşte bu idrak edilemeyişten dolayı, Hüviyet'e 'Gayb'dır denilmiştir. Hakk'ın gaybı, şehâdetinden (*müşâhedesinden*) başka, şehâdeti ve gaybından başka bir şey değildir."[102]

> Allah'ın hüviyeti Hakk'ın bâtınında tecellî eder. Ve Allah'ın kuldaki tecellîsi onun hüviyetidir. Bu durumda kul kendinde Allah'a ait ismi ortaya çıkarmamışsa, yani nefsinin karanlığında ise, kendi hüviyetinden veya şahsiyetinden bahsedemez. Zîra, olmayan nefsine varlık vermiş olur.

"Bilinmelidir ki: Hüviyet, ilâhlığın sırrıdır. O, celâl ve kemâl özelliğiyle, yegâne ezelî mevcuttur.
'Hüve', Allah'ın kullarını '*De ki: O/Hüve*' (*İhlâs, 1*) ifadesiyle davet ettiği ilk kelimedir. Böylelikle, sadece bu zamirle ifade tamamlanmıştır. Bunun ardından ise, Allah demiştir. Allah, bütün harfleri ve hakîkatleriyle zât-ı ahadiyyete delâlet eden özel-kuşatıcı isimdir.

---

102 Abdü'l-kerîm b. İbrahim el-Cîlî, ***İnsân-ı Kâmil***,, s. 303-306

Bu isimdeki hüviyet sırrı, onun bileşik harflerin hükümlerinden soyutlandıktan sonra zuhur etmesidir. Bunun nedeni, bu ismin ağyardan tam anlamıyla mücerretliği ve eserlerden münezzehliğinin gücüdür.
'Hüve', He ve Vav harflerinden meydana gelmiş olsa bile, bu isimde sabit harf, He'dir. Çünkü Vav harfi Allah kelimesinin sonunda düşmüştür. Ayrıca, huma (*o ikisi*) ve hum (*onlar*) ifadesinde olduğu gibi, ikilikte ve çoğulda da bu harf düşer.
Böylelikle He harfi, sıfatların silinmesi, nispet ve izafetlerin düşmesiyle mutlak ahadiyete delâlet etmek üzere sabit kalmıştır.

Hüve'deki He ve Vav Harfleri:

Vav, He'nin bâtını; harekesi de, onun harekesinin aksidir. Bunu yanı sıra her iki harf de devrîdir. Çünkü He'nın harekesi ve mahreci, ehl-i keşfe göre göğsün bâtınındandır. Nefes onunla uzar ve bütün harflerin mahreçlerine uğrayıp, iki dudağın zâhirine ulaşır.
Bunun ardından nefes, ihâta edici ve kuşatıcı dönüşünde, bütün harflerin hükümleriyle boyanmış olarak, adeta şimşek hızıyla, kendisinden çıktığı asla geri döner.
Vav'ın harekesi ise, He'nin harekesinin zıddıdır. Çünkü Vav, iki dudak arasından ortaya çıkar, sonra göğse uzanır. Böylelikle Vav da, daha önce belirtildiği gibi, bütün harflerin mahreçlerine uğrar. Bunun ardından ise, kendisinden çıktığı iki dudağa geri döner. *(Buradan anlaşılıyor ki "he" o varlığın hakîkati, "vav" ise velîlikteki tecellîsidir.*[103]*)*
Binâenaleyh He'nin hareketi, gayb âleminden şehâdet âlemine doğrudur, çünkü onun zâtı, başlangıç mertebesinden olmasını gerektirir. Vav'ın hareketi ise, şehâdet âleminden gayb âlemine doğrudur.
Her iki harf de, harflerin varlıklarının hakîkatlerini çıkışta ve girişte, kaynak ve varış mertebelerinde içerir ve kapsar. Her iki harf de, hem hakîkat ve hem de mânâ olarak birbirlerine intibak eder (*uyar ve tıpkı-*

103 Derleyenin Notu

sı olur); bunların arasındaki uyum, bir dairenin başlangıcının sonuna uyumlu olmasına benzer.

Her iki harf de, bütün mukaddes (*kutsal*) ve rûhânî harflerin hakîkatlerini kendilerinde toplarlar; söz konusu harfler, ilâhî isimlerin maddeleridir. Bu harflerin bir kısmı –farklı konumlarına göre- diğer bir kısmı ile birleştiğinde, onların birleşmesi ve bir araya gelmesinin eserlerinden rûhânî ilim sahipleri için tasarruflar meydana gelir; Bu tasarruflar, cismânî, rûhânî, melekûtî, süflî ve ulvî âlemlerdedir.

İnsan nefesinin dışı telaffuz edilen bütün harflerin maddesi olduğu gibi, aynı şekilde Nefes-i Rahmân'ın zâhiri de, bütün varlık harflerinin maddesidir.

Varlık, söz konusu Nefes-i Rahmân ile ayakta durur ; O, her şeyi ayakta tutar: 'O'ndan başka hiçbir ilâh yoktur; O, kendisiyle beraber başka birisinin var olmasından yücedir ve hüküm sahibidir.'"[104]

He'de kadimlik, Vav'da hâdislik vardır.

"Hüviyet ilâhî isimlerin hatmi ve sonu, başlangıçları olan şeyin ta kendisidir. Söz konusu isim *'O Allah ki O'ndan başka ilâh yoktur (ancak O vardır)'* (*Haşr, 22*) âyetinde belirtildiği üzere Hüve ismidir. Âyet Hüve (*O*) ismiyle başlamış, tafsili olarak genel bütün isimleri ihâta eden Allah ismi zikredilmiş, sonra olumsuzlamış, böylece bu mertebenin başka birisine ait olabileceği reddedilmiş, sonra kendi adına bu mertebeyi tespit ederek *'Ancak O vardır'* (*Haşr, 22*) denilmiştir. Böylece Allah Hüve ismiyle başlamış, Hüve ismiyle bitirmiştir. O halde ilâhî isimler arasından zikredilen bütün tafsili isimler, hiç kuşkusuz, Hû'nun ardından gelen Allah isminin altındadır. Allah isminin daha sonra gelmiş olmasının nedeni, Hüve'nin ondan genel olmasıdır; çünkü Hüve Allah'a olduğu gibi gayb olan veya hüviyete sahip olan her şeye delâlet eder. Kuşkusuz

104 Sadreddin Konevî, ***Esmâ-i Hüsnâ Şerhi***, ter. Ekrem Demirli, İz Yayıncılık, İstanbul, 2004, 2. Baskı, s. 21-23

ister mâlum, ister mezkûr veya mevcut veya mâdum olsun, hüviyeti olmayan hiçbir şey yoktur!"[105]

"Hak, hüviyet ile başladığı gibi yine hüviyet ile sona erdirmiş, varlık ve yokluktaki duruma onu sahip kılmış, hâdislik *(sonradanlık)* ve kadimliğe kanıt yapmıştır. Hüviyet zamiri, zikredenlerin son ve en yüce zikridir. İş başa dönmüş, kadir gecesi ortaya çıkmış, onun varlığı sayesinde Hakk'ın yardım ve inâyetine mazhar olanlar tevhidin hakîkatlerini öğrenmiştir."[106]

"'Rablık hüviyetin kendisi değildir.' Şöyle deriz: Rablık hüviyetin bir şeye nispetidir. Hüviyet ise özü gereği bir nispeti gerektirmez. A'yân'ın sübûtu, hüviyetten nispetleri talep eder. 'Rubûbiyet' diye ifâde edilen şey budur."[107]

"Allah, hüviyetini senin malından eksilen şeyin bedeli yapmıştır. (...) Hüviyet zâtın aynıdır. Hüviyet sadaka verenin hayatının kendisine bağlı olduğu ilâhî bir isimle sadaka olarak verilen şeyin yerini alır."[108]

"Çalabım bir şâr yarattı iki cihan arasından
Bakıcak dîdar görünür o şârın kenâresinden

Bu şiir Hacı Bayram Velî'nindir. Çalap'tan maksat, Allah'tır. Şâr'dan maksat, Hakk'ın hüviyeti beldesi ve cem'ul-cem'in memleketidir. İki cihandan biri hüviyet, biri de eniyettir. Yani biri bâtın-ı Hak diğeri zâhir-i Hak'tır. Yarattı'dan murat, mânevî vücuttan sûrî yani görünen vücûda zuhur etti, demektir. İşte şâr, yani hakîkat beldesi, biri hüviyet biri eniyet olan o iki cihana da şâmil olmuştur. Kezâ âyet-i kerîmede buyurulan *'innî enallah'*dan innî *("Ey Mûsâ! Şüphesiz ben, evet, ben âlemlerin Rabbi olan Allah'ım.")* hüviyet cihanına; ene, eniyet cihanına; Allah da her

105 İbn Arabî, ***Fütûhât-ı Mekkiyye***, çev. Ekrem Demirli, Litera Yayıncılık, İstanbul 2007, c. 14, s. 183
106 İbn Arabî, ***a.g.e.***, c. 1, s. 291-292
107 İbn Arabî, ***a.g.e.***, c. 6, s. 371
108 İbn Arabî, ***a.g.e.***, c. 4, s. 382

iki cihana şâmil olmuştur. '*Bakıcak dîdar görünür o şârın kenâresinden*', deniyor. Halbuki dîdar her vakit görünmektedir. Yalnız câhillerin cehli onu görmeye hicap oluyor. Mesela bir kimse tebdîl-i kıyafet edip gezerken, onu bilenler tanıyabilir. Bu zâtı tanımayanlara: Şimdi şuradan geçti tanımadınız mı? derler."[109]

"Her şeyin bir gayesi vardır. Mesela bazı ağaçların gayesi meyve vermektir. Bir buğday tanesinde de yaprak, dal ve başak bilkuvve mevcut olduğu gibi, akılda da bütün varlık âlemi ve kâinat mevcuttur. Her bir nebat ve ağaç, kendi tohumunun îcâbını izhar ettiği gibi, insan da, ezeldeki kalp tohumunun gereği her ne ise burada onu meydana koyar. İşte, nasıl ki ağacın kemâli meyvenin bulûğu demek ise insanın da kemâli ve hürriyeti ancak evveline ulaşacak olgunluğa gelmesi iledir. Hasılı, her şeyin tohumu, kendi meyvesidir. Yahut her şeyin meyvesi kendi tohumudur."[110]

"Lâ ilâhe illallah: Bu avamın îmanıdır. Has olanların îmanı: Lâ huve illa huve'dir. *(Başka bir hüviyet yoktur, ancak O'nun hüviyeti vardır.)* Mesela bir kimse rüyasında padişah olduğunu, tahta çıktığını, etrafında kölelerin, perdedarların ve emîrlerin ayakta yer aldığını gördüğü zaman: 'Padişah ben olmalıyım, benden başka bir padişah yoktur!' der. Uykuda böyle söyler, fakat uyanıp da evde kendisinden başka bir kimse olmadığını görünce: 'Bu benim, benden başka kimse yok' der. İşte bunu görmek için uyanık bir göz lâzımdır, uykulu göz göremez, esasen onun vazifesi değildir."[111]

"Şerif (*şerefli*) olsun, denî (*alçak*) olsun, câhil olsun, âlim olsun, kâfir, mü'min, âlî (*yüce*) olsun, tâlî (*ikinci sınıf*) olsun, her zerrede, mevcû-

---

109 Ken'an Rifâî, ***Sohbetler***, Kubbealtı Neşriyâtı, İstanbul 2009, s. 252-253
110 Ken'an Rifâî, ***a.g.e.***, s. 168
111 Mevlânâ, ***Fîhi MâFîh***, çev. Meliha Ülker Tarıkâhya, Millî Eğitim Basımevi, İstanbul 1985, s. 182-183

dâtın her zerresinde Cenâb-ı Hak cüz'î veya küllî esmâsiyle (*isimleriyle*) tecellî etmiştir. Bu...lâ ilâhe illallah'tır."[112]

Hüviyet, Allah'ın varlığı olmayan kulundaki tecellîsidir. Her ne kadar 'Ben' diyen kulunda tecellî etse de, kulun ben deyişi o tecellînin gözükmesini engeller. Ancak 'Ben' demeyen kulda Allah hüviyetiyle tecellî eder.

"Buyuruluyor ki: Kâmil insan vücup ve imkân denizleri arasında bir berzahtır. Bu imkân ve vücup denizlerinden birinin diğeri üzerine taşmaması için her iki tarafa da aynı ölçüde nâzırdır.
Bu makam: '*Bana vahy oluyor'* diyen Resûlullah'ın makamıdır. Vücuptan maksat, rûhânî ve ilâhî kuvvetler, imkân da dünya hâdiseleridir. Resûlullah işte bu iki kuvvetin ortasında birleştirici ve ayarlayıcı bir berzahtır. Yani 'lâ ilâhe' ile 'illallah' arasında her ikisini birden idare edici mevkidedir."[113]

"'Perde kurdum şem'a (mum) yaktım gösterem zıll u (gölge ve) hayâl'

dendiği gibi, bütün bu gördüklerin hep bir hayalden ibarettir. Onun için herhangi bir şahıs hakkındaki itirazın ucu Hakk'a dayanır. Çünkü kayıtsız şartsız, fâil Allah'tır. Eğer bunu bilirsen ancak o vakit lâ ilâhe illallah demiş olursun. Eğer lâ ilâhe illallah diyebildinse ne kibir, ne riyâ, ne haset kalır."[114]

"Edebin mânâsı da, lâ ilâhe illallah'tan ibarettir. Yani, ne sen kimseden incin, ne kimse senden incinsin."[115]

"Her şeyde fâil Hakk'ı görmek, işte lâ ilâhe illallah."[116]

---

112 Ken'an Rifâî, ***Sohbetler***, s. 122
113 Ken'an Rifâî, ***a.g.e.***, s. 228
114 Ken'an Rifâî, ***a.g.e.***, s. 212
115 Ken'an Rifâî, ***a.g.e.***, s. 131
116 Ken'an Rifâî, ***a.g.e.***, s. 413

"Lâ ilâhe illallah demek için bütün esmâ-yı hüsnâyı tasdik etmek gerekir."[117]

"Gerçek mümin her olanı Hak bilip eşyada irade görmeyip Allah'tan gayrı fâil yoktur, lâ fâile illâllah diyerek bütün bu görünen varlığın Allah'ın emrinde olduğunu bilir ve öylece amel eder."[118]

"Sende insanlık vasfı yok oldu mu, zâtın, hayırdan da geçer, şerden de. Çünkü bu ikisi de zıt vasıflardır; sayılar dünyasından baş gösterir bunlar.
Zıt, aykırı, sayı burada olur ancak; bu ikisi birlik âlemine sığmaz.
Sayılar, tümden yok oldu mu sonunda Tanrı'ya yönelir insan.
Tez, 'Allah'tan başka yoktur tapacak' de de birliği tam anla.
'Lâ' dan yüz çevirdin mi, 'illâ' sırrını anlarsın.
Çünkü 'lâ' perdedir; Hak'sa 'illâ'dır; perdeyi kaldır da daha da yücel.
Yemek içmek ve mevki, topraktır, yeldir; nefis yılanı, bu ikisiyle ejderha kesilir."[119]

"Bir ev gibi olan vücudumuzun, kalıbımızın hâkim ve emîri, nefs-i kâfir idi. Kalıp ise onun bir âleti idi. Her ne yapmak isterse vücudu onda bir âlet olarak kullanırdı. Nefs-i kâfir, ölüp yok olunca bir ev gibi olan kalıbın emîr ve hâkimi Hak oldu. Bundan sonra vücûdun hareketi, nefsin emri ile değil, Tanrı'nın mazharı ve âleti olur."[120]

"Gördüğünü ağyar gösteren yani Hak'tan gayri zannettiren nefistir. Eğer ağyarı kaldırır, Hak'tan başka bir şey görmezsen, lâ ilâhe illallah sırrı zâhir olur ve sırasıyla Hak'tan gayrı mevcut olmadığını, fâilin de Hak olduğunu görürsün. Onun için nefsini 'lâ' eden yani yokluğa sa-

---

117 Ken'an Rifâî, ***Sohbetler***, s. 509

118 Ken'an Rifâî, ***a.g.e.***, s. 388

119 Sultan Veled, ***İbtidâ-nâme***, çev. Abdülbâkî Gölpınarlı, Konya ve Mülhakatı Eski Eserleri Sevenler Derneği Yayını, Konya 2001, s. 29-30 beyit 550-557

120 Sultan Veled, ***Maârif***, , s. 45

lan, illallah demiş olur ve o vakit de: *Ben beni terk eyledim gördüm ki ağyar kalmamış*, hakîkati meydana çıkar."[121]

"Kâh var olup cemâle dururum
Kâh yok olup cemâlin olurum"[122]

Kenan er-Rifâî Hazretleri aynı mânâyı şu şiiriyle anlatmaktadır:

Ben ben isem canda değil
Ben sen isem tende değil

Nefsimle ayaktaysam ve nefsimin arzu ve istekleri idrakimle arama girdiyse, ben, benlik ve ego kesilirim ve hakîkî dirilikten uzak olurum. Eğer nefsimin arzu ve isteklerinden kurtulup, sana ait tecellî ile var olursam, yani vücudumda senin isim ve sıfatlarından başka bir şey kalmazsa, o zaman bu vücut perdesini açıp hakîkî varlığa ulaşmış olurum.

Sen ben isen ten can olur
Can ten olur bende değil

Benim bu gayretim senin bana tenezzülüne sebebiyet verirse, bütün isimlerinle bende açığa çıkarsın. O zaman canımın canı ortaya çıkar ve vücut diri kesilir. Canlanan vücutta da şahsiyet ve hüviyet zuhur eder ki, bu beni hür kılar.

Hasılı benden çıkıver
Benliği vîran ediver

Eğer bütün bunların olmasını istiyorsan nefsinle mücâdele et ve onu isteklerini yerine getirmeyerek tekâmülünü sağla. Böylece ego kaybolur, insanlık baş gösterir.

121 Ken'an Rifâî, ***a.g.e.***, s. 553
122 Meşkûre Sargut

Canda beni ister isen
Benliği at can alıver[123]

Sendeki hakîkî diriliği istiyorsan bil ki bunun tek yolu hiçlik seviyesine ulaşmak, nefsin şahsiyetinden kurtulup, Allah'ın şahsiyetiyle dirilip canlanmaktır.

"'*Ârife eşyâda esmâ görünür.*
Cümle esmâda müsemmâ görünür.' sırrına erip, bunu hâl ile bilmek, irfandır."[124]

"Adam, Allah, deyip her şeyi yok sayan kimsedir.
Adam, Allah, deyip de her şeyi mevcut sayan kimsedir."[125]

İnsân-ı kâmil için Sultan Veled şöyle buyurur:
"*Onlar kendilerinden fânî, dostları ile bâkî olmuşlardır.*
Bu ne garip şeydir ki, hem varlar hem de yoklar!
Kendi nefislerinin tasarruflarında bulundukları zaman yok, Hakk'ın tasarrufunda bulundukları zaman ise vardırlar."[126]

Resûlullah Efendimiz : *Benim ve benden evvel gelen peygamberlerin söyledikleri en faziletli söz, lâ ilâhe illallâh'tır*, buyurmuşlardır.
Esasen dünyaya gelmekten maksat, budur. Vazifemiz, lâ ilâhe illallâh demeyi bilmektir. (....)
Yani, Allah'tan gayrı verici yoktur, Allah'tan gayrı menedici yoktur, Allah'tan gayrı hidâyet edici yoktur. Hasılı veren de o, alan da o, öldüren de dirilten de o, hep o, hep odur ki bütün bunların bir araya gelmesi, hepsini birden ihâta etmesi lâ ilâhe illallâh'tır. (....)

123 ***İlâhiyât-ı Ken'an***, haz. Yusuf Ömürlü, Dinçer Dalkılıç, İstanbul 1988, s. 95
124 Ken'an Rifâî, ***Sohbetler***, s. 626
125 Muhyiddin İbn Arabî, ***Risâleler***, c. 1, s.184
126 Sultan Veled, ***Maârif***, s.45

Lâ ilâhe illallâh ilminden maksat, (...) bitmez tükenmez mânâ-yı şerîfini öğrenip, kendi mevhum vücudunu lâ ilâhe'ye atıp illallâh'ı ispat etmektir."[127]

"Aşk çeşmesinden abdest alan kimse, dünyayı terk, âhireti terk, varlığı terk, terki terk denen dört tekbiri bir etmiş olur. Kendi de o zaman lâ ilâhe katarına katılıp gider. Geri kalan ise illallah olur."[128]

"*Soyun vârından ey Ken'an*
Görürsün var olan Allah
Tabiî sen yok olunca ne kalır ? Allah kalır. Lâ ilâhe deyince, ötesi ne gelir ? İllallah, gelir."[129]

"Lâ mevcûda illallah yani Allah'tan başka mevcut yoktur. Lâ fâile illallah yani Allah'tan başka fâil yoktur. Kezâ Allah'tan başka izzetleyici, hidâyet verici yoktur, diyoruz. Bunların hepsini topla, lâ ilâhe illallah zuhur eder."[130]

"İstikamet üzerinde yürümek demek, kötü ahlâklardan sıyrılıp yerine iyi huylar getirmek ve nefsinin tamamıyla âciz olduğunu idrak edip, ancak mevcut olanın Allah olduğunu bilmektir. Yani, lâ ilâhe illallah Muhammed Resûlullah demek lâzımdır."[131]

"Cenâb-ı Hak kaleme: Yaz! dedi. Kalem, Arş, Kürsî, cennet ve ilh... her şeyi yazdı. Lâ ilâhe illallah yaz dedi. Onu da yazdı. Muhammed Resûlullah'ı yaz! dedi. Onu yazarken ortasından yarıldı, şak oldu, çatladı. Ne için? Çünkü Muhammed Resûlullah, aşka mazhardır da onun için. Hasılı aşk hilkatin (*yaratılışın*) gayesidir."[132]

---

127 Ken'an Rifâî, ***a.g.e.***, s. 538-539
128 Ken'an Rifâî, ***a.g.e.***, s. 511
129 Ken'an Rifâî, ***a.g.e.***, s. 565
130 Ken'an Rifâî, ***a.g.e.***, s. 566
131 Ken'an Rifâî, ***a.g.e.***, s. 586
132 Ken'an Rifâî, ***Sohbetler***, s. 556

“Hz. Muhammed mazhar-ı aşktır. Aşk girdiği yeri yakar, yıkar ve kendinden başka bir şey bırakmaz.”[133]

“Çünkü aşk Allah’ın sıfatıdır. Hadîs-i kudsîde de Cenâb-ı Hak: ‘*Ben gizli bir hazineydim, istedim ki bilineyim..*’ buyuruyor. Cenâb-ı Hak kendi güzelliğini temâşâ etmek için âlem aynasını halketti. Ve âlem aynasında da kendi cemâlini gördü. Bu âlem aynasının rûhu da kâmil insandır.”[134]

“Taayyünat *(vücutlanış)* dalgalarından kimi Leylâ, kimi Mecnun oldu. Dilber, imkân ve vücup *(gerekli olma)*, fâil ve kabil (*kabul eden*), zâhir ve bâtın, evvel ve âhir, ganî (*zengin*) ve fakir, sultan ve gedâ (*dilenci*), mümin ve kâfir, nâr ve nur, cennet ve hûr, dünya ve âhiret, Âdem ve İblis, Bel’am ve Mûsâ, emlak (*mülkler*) ve eflâk (*felekler*), hasılı bütün mütezat esmâ mezâhirinde (*birbirine zıt isimlere mazhar olanlarda*) ve gûnâgûn (*türlü türlü*) tecelliyat mecâlisinde (*aynalarında*) bedîdar (*âşikâr, görünür*) oldu. Bunların hepsi de Muhammed aşkına zâhir oldu.”[135]

Hak’tan gayrı olmadığını idrak Allah’ı idraktir. Her yerde tecellî eden Hakk’ın gücüdür dersen, bu da hüvedir. Lâ ilâhe illallah Allah, Muhammeden Resûlullah ise hüviyet tecellîsidir.

133 Ken’an Rifâî, ***Sohbetler***, s. 498
134 Ken’an Rifâî, ***a.g.e.***, s. 188
135 Ken’an Rifâî, ***a.g.e.***, s. 215-216

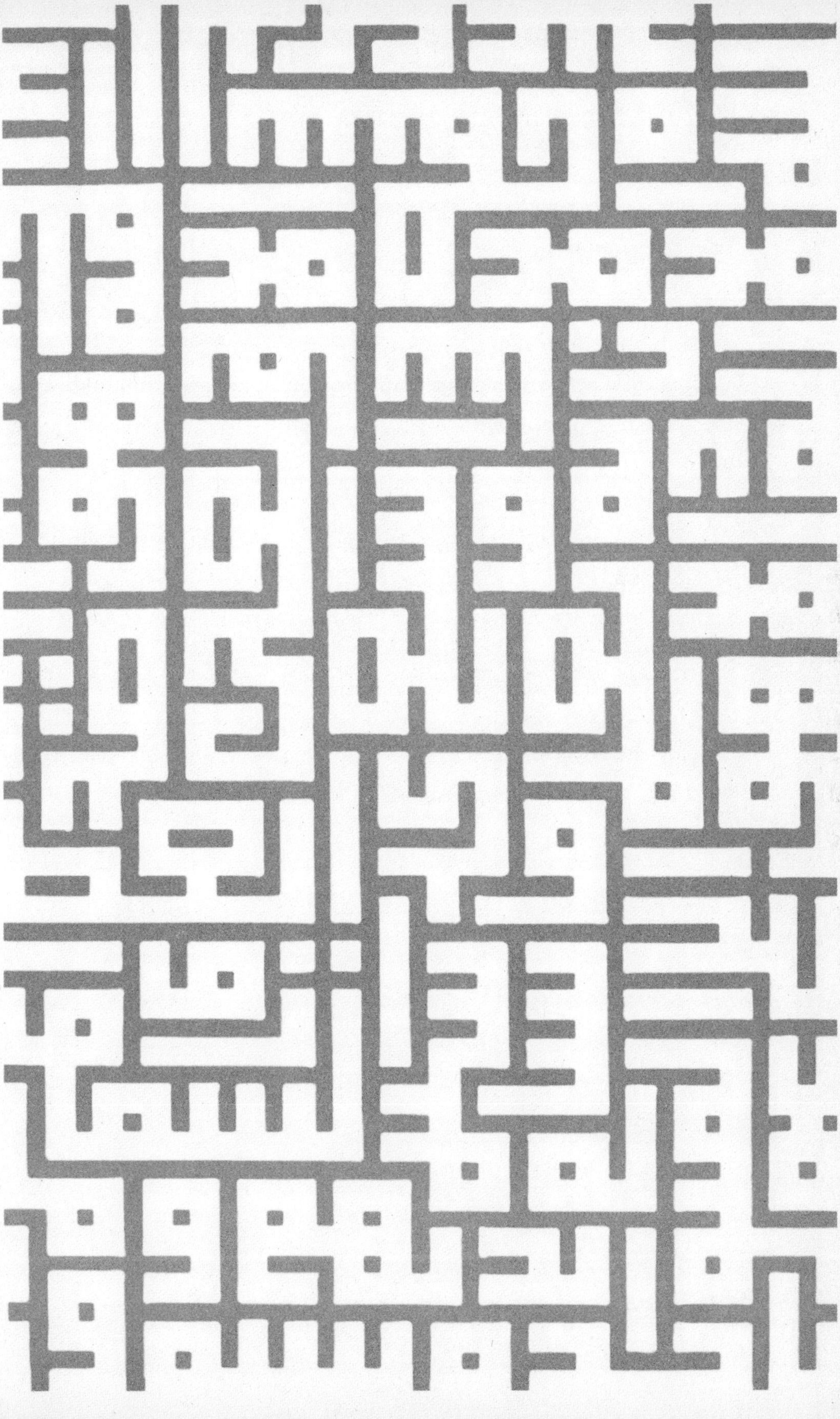

hayyul kayyûm
O, daima diridir (Hayy'dır).
Bütün varlığın idaresini yürütendir (Kayyûm'dur).

"Allah o biricik hak mâbuddur ki, gerçekte ondan başka hak mâbud yoktur, çünkü yok olmaktan ve ölümlü olmaktan uzak, Hayy ve Kayyûm (diri ve bütün kâinatın idaresini bizzat yürüten) ancak O'dur. Ezelden ebediyete (*sonsuza*) kadar bütün hayat ve ebedîlik O'nun zâtı ile zâtından dolayı kaim, vâcibül-vücûddur, (*varlığı zâtının gereğidir*) ve her an tüm varlık âlemini idare eden ve her şeyi ayakta tutan ancak O'dur. O olmasaydı ne hayattan eser olurdu, ne de varlık âleminden. İlâhî hayat, ilim ve iradenin başlangıcı olan ezelî bir sıfattır."[136]

"Cenâb-ı Hak Hayy'dır. O, hakîkî, ezelî, ebedî, sermedî (*sürekli*) ve daimdir."[137]

"Hayy'dır. Hayatı zâtının aynısıdır. Hayat sahibi olan varlıkların tümü O'nun hayatıyla hayat bulurlar."[138]

"Hayy sözlükte, kendisinde hayat ve dirilik olan demektir. Bu, ölümün ve cansızlığın zıddı olan bir sıfattır. Bu, iradî anlamda his ve hareketi gerektirir. İnsanın en şerefli vasfı Daru'l-kerâme denilen cennet yurdundaki ebedî hayattır. Allah bu vasıfla tavsif edilip: 'O, Hayy-hayat sahibidir' denildiği zaman bunun mânâsı, yok olmak ve ölümlü olmaktan

---

136 Elmalılı M. Hamdi Yazır, ***Hak Dini Kur'an Dili,*** sad. Prof. Dr. İsmail Karaçam, Yrd. Doç. Dr. Emin Işık, Yrd. Doç. Dr. Nusrettin Bolelli, Abdullah Yücel, Yayıncı Zehraveyn, İstanbul 2011, c. 2, s. 170

137 Abdülkâdir Geylânî, ***Geylânî Tefsiri***, Ceylani İlim Araştırma ve Yayın Merkezi, İstanbul, 2012, 1. Baskı, c. 1, s. 236-237

138 İbn Arabî, ***Tefsir-i Kebir Te'vilât***, s. 152

uzak, daim, bâkî demektir. Yüce Allah, ezelî ve ebedî hayat ile nitelenmiştir."[139]

"Hayat-ı hakîkînin sahibi olan Allah öyle bir Allah'tır ki, O'nun zât-ı Hakk'ını tâbir edecek elfaz (*lafızlar, sözler*) yoktur. O öyle bir mâbûdun-bil'haktır (*Hak olan mâbud*) ki hayat-ı hakîkînin sahibi ve bütün hayat sahipleri onun hayat sıfatının tecellîsiyle hayat bulur. Fenâ ve zevalden (*sona erme*) münezzehtir. Çünkü Hayy u Kayyûm'dur; hem kaim, hem mukavvimdir."[140]

"Hayat kelimesinin kök harfleri olan ha,ya, vav iki köktür: Birincisi ölümün zıddı, diğeri ise, arsızlığın zıddı, utanmaktır. Birinci anlamda kelime hayat ve hayevan'dır *(canlılık)*. Yağmur hayy *(canlı)* diye isimlendirilir. Bunun nedeni yeryüzünün canlılığının ona bağlı olmasıdır. Kur'an, hayatı ölümün karşıtı olarak kullanır. Ölüm ve hayat, ölümsüz el-Hayy'ın (*Allah*) karşıtı olan insanda veya eşyada gerçekleşir.
'O Allah, hanginizin daha iyi amel işlediğini denemek için ölüm ve hayatı yaratmıştır.' (Mülk, 2).
'Biz ölü bir beldeyi onunla suladık ve yeryüzü ölümünün ardından o suyla hayat buldu.' (Fâtır, 9).
'Ölümsüz olan el-Hayy'a tevekkül et ve onun hamdini tesbih et.' (Furkân, 58).
Bazen Kur'an, insanları aldatan dünya hayatını da zikreder ve insanların ona bağlanmalarını ve âhiret hayatına tercih etmelerini yadırgar.
'Bu dünya hayatı sadece bir eğlence ve oyundur.' (Ankebût, 64).
Var olan şey, canlı *(insan, hayvan ve bitki gibi)* denilsin veya denilmesin *(cemad, donuklar)* İbnü'l-Arabî'ye göre diridir. Canlılık bütün varlıklara yayılmıştır (*hepsi de bir ilâhî isme dayanırlar: el-Hayy*). İbnü'l-Arabî'nin her şeyde hayat bulunduğunu teyit için kullandığı kıyas şudur: Birinci öncül: Her şey Allah'ı tesbih eder. İkinci öncül: Tespih eden her şey canlıdır. Bu iki öncülden çıkan netice: Her şey canlıdır. Bu netice mümin

---

139 İsmail Hakkı Bursevî, ***Muhtasar Rûhu'l-Beyân Tefsîri,*** Damla Yayınevi, İstanbul 2010, c. 1, s. 440

140 Şemseddin Yeşil, ***Füyûzat***, Ş. Yeşil Kitabevi, İstanbul:2009, 5. Basım, c. 1, s. 274

veya keşif sahibi tarafından kabul edilebilir. Birincisi zikredilen âyete inanarak, ikincisi ise müşâhede vasıtasıyla kabul eder. *(Birinci secde âyeti kabul, ikinci secde âyeti müşâhededir.[141])* Keşif sahibi, önce cansız (*donuk*) ve diğer bütün yaratıkların Hakk'ı tesbih ettiğini, dolayısıyla hepsinin canlı olduğunu müşâhede eder. İbnü'l-Arabî'nin metinlerine dönelim: Her şey ya hayy-nâtık (*hayat sahibi düşünen*) veya hayvan-ı nâtıktır (*düşünen canlı*). Cemad (*donuk*) veya bitki veya ölü diye isimlendirilen her şey böyledir. Çünkü gerek kendi kendine ayakta duran ve gerekse varlığı başkasına bağlı her şey, Allah'ın övgüsünü tespih eder. Tesbih etmek dirilik özelliğiyle nitelenmiş kimseye ait olabilir.

Her şey canlıdır. Çünkü her şey Allah'ın övgüsünü tesbih eder, fakat onların tesbihlerini Hakk'ın bildirmesiyle anlayabiliriz. Sadece canlı tespih edebilir. O halde her şey canlıdır.

Allah bazı kullarının gözlerini var olan her şeye yayılmış bu hayatı ve idrâki görmekten mahrum bırakmıştır. Canlılığı ortaya çıkmış şey diri, canlı diye isimlendirilirken, canlılığı gizli kalıp her göze gözükmeyen ise bitki ve cemad diye isimlendirilmiştir. Böylelikle perdeli kimselerde iş ikiye ayrılmışken, keşif ehlinde ayrılmamıştır. Keşif sahibi bu bağlamda şöyle der: 'İşittik ve gördük.' Mümin ise şöyle der: 'İnandık ve onayladık.' Allah şöyle buyurmuştur: *'Her şey Rabbinin övgüsünü tesbih eder' (Ra'd, 13).* Her şey canlı ve düşünendir.

Allah bizim gözlerimizi cemad ve bitki diye isimlendirilen şeylerin canlılığını görmekten alıkoymuştur. Bununla birlikte onların canlı olduklarına inanırız. Çünkü onlar da Allah'ı tesbih eder ve tesbih eden her şey canlı ve nâtıktır *(düşünen)* .

Varlıklara yayılmış canlılık sıradan insanların gözlerinden gizlenmiştir. Çünkü onlar canlı olmanın şartını duyu saymışlardır. Onlara göre duyu gücüne sahip olan canlıdır. İbnü'l-Arabî ise canlılığın şartını bilgi saymış, bu nedenle canlılığı bütün varlıklara verebilmiştir. Çünkü var olan

141 Derleyenin Notu

her şey Hakk'ı tesbih eder, dolayısıyla biz nasıl tesbih ettiğini bilmesek bile her şey kendi tesbihini bilir.

İbnü'l-Arabî şöyle der: Allah hayvanı -bitki ve cemadın zıddına- acıyı ve lezzeti kabul edecek mizaçta yaratmıştır. Bitki ve cemad keşif ehline göre canlılık özelliğine sahip olsalar bile, lezzet ve acıyı kabul etmeyen bir mizaçta yaratılmışlardır.

Canlılığın şartı duyu değildir, çünkü hissetmek ve duyular o şeyin canlılığının üzerinde ilave akledilir bir durumdur. Canlılığın şartı bilgidir; halbuki bazen hissedebilir, bazen hissetmez.

Canlı olmanın şartı belirttiğimiz üzere hissetmek olmadığı gibi, İbnü'l-Arabî'ye göre canlılık ruhtan da farklıdır: Her canlı ruh değildir. Ruh kuşkusuz canlıdır, her canlı ruh değildir.

Hayvanın dışındakilerde bir şeyin rûhu onun hayatıdır, başka bir şey değildir. Böylelikle dağ (*Hak kendisine tecellî edip de parçalandığında*) dağ adını yitirmemiş, Mûsâ ise bayılmakla Mûsâ ismini kaybetmediği gibi, insan ismini de yitirmemiştir. Nitekim Mûsâ ayılmış, fakat dağ, kendisini ayakta tutabilecek bir rûhu olmadığı için, parçalandıktan sonra 'dağ' olarak geri dönmemiştir. Çünkü ruhların eşyadaki hükümleri, hayatın onlardaki hükmüyle bir değildir. Bu yüzden hayat, her şeyde bulunur; ruhlar ise vâlilere benzer. Vâli, bazen azledilir, bazen vâlilik yapar, bazen vâlilikten habersiz kaldığı halde vâliliği kalır. Vâlilik bu hayvan bedeni idare ettiği sürece, ölüm onu azleder. Uyku ise, vâlilik özelliği kendisinde kalmak üzere, ondan habersiz kalışıdır.

İbnü'l-Arabî bütün var olanları diri sayacak tarzda, hayatı genelleştirmiş iken, başka bir açıdan onu 'hayatını Allah'a bağlamak' mertebesine ulaşan kimselere tahsis eder. Bu mertebeye ulaşan, emâneti, başka bir ifadeyle âlemde Allah'ın halîfesi olma görevini üstlenmiş insân-ı kâmildir. Böylelikle o, her hak sahibine hakkını verir."[142]

---

142 Suad el-Hakîm, ***İbnü'l-Arabî Sözlüğü***, çev. Ekrem Demirli, Kabalcı Yayınevi, İstanbul 2005, 1. Baskı, s. 266-268

el-Hayy

"O zâtından dolayı zorunlu, yetkinliklerinde zâhir olan sıfatlarında kâmil olandır. Bu isim imamların imamı ve öncüsüdür. İmamlar yedi nefsî isimdir ki onlar el-Hayy, el-Alîm, el-Mürîd, el-Kadir, es-Semî', el-Basir, el-Mütekellim isimleridir. Bu isimler diğer ilâhî isimlerin imamlarıdır. el-Hayy ismi ise bu yedi ismin imamıdır. Çünkü bu sıfatlar ancak hayy/diri olanın sıfatlarıdır. Bu yüzden el-Hayy bu isimlerin önderidir. el-Hayy ismi nefsî sıfatların isimlerindendir. Bu ismin sıfatı ilâhî hayattır. İlâhî hayat, bütün mevcutlara yayılmış olan mutlak varlıktan ibarettir. Hak ve halkın zuhûru bu varlıkla gerçekleşir."[143]

"Hz. Peygamber bu isimle tahakkuk etmiş ve bu sıfatla vasıflanmıştır. Bunun delili bu O'nun varlığın, âlemin ve kevnin maddesi olması durumudur. O ezelî ve ebedî olarak mevcûdatta yayılmış olan hayattır. Nükte: Muhammed (*s.a.s*) mevcûdatta yayılmış ve sereyân etmiş olan hayatın hakîkati olduğunda insan fertlerinin hepsi O'nun birer nüshası oldular. Bundan dolayı her insanda mevcûdatta yayılmış olan hayat vardır. Bu hayatı bunu keşfeden bilir. Bundan bir yönün sana açıklanmasını istediğin vakit mevcûdattan herhangi bir mevcûda bak! Zîra sen o mevcûdu, rûhunun o mevcûdun mevcutluğunda yayılmasından dolayı hayal âleminde tasavvur edersin. Eğer sende bu yayılma olmasaydı onu hayalinde tasavvur etmene imkân yoktu. Rûhunun âlemdeki sereyânı ve yayılması bu yayılmış hayatın bir yönüdür. Eğer bir kalbin varsa veya şâhit olarak kulak veren bir kimse isen, hatta belki de aynısıdır."[144]

143 Abdülkerîm Cîlî, ***Hakîkat-i Muhammediyye***, s. 150
144 Abdülkerîm Cîlî, ***a.g.e.***, s. 270

Allahu Azîmüşşan, Rahmân Sûresi'nde Rahmân önce Kur'an'ı öğretti (*Hz. Muhammed'in hakîkati*), sonra insanı yarattı buyuruyor. Bu sır vahdetten kesrete geçiş sırrıdır (*Berzah sırrı*). Dolayısıyla Hayy, dirilik Kur'ân'ın hakîkati ve Peygamber'in mübârek mânâsıyla bütün cisimlere yayıldı ve bütün cisimleri canlı kıldı. Allah bu hakîkati bize *"Her şey Allah'ı tesbih eder"* âyetiyle bildirdi. Bu dirilik Allah'ın vasfı olduğundan ölü olan bizler yüce Rabbimiz sayesinde diriliriz. Yani idrak ederiz. İdrak olmadığı zaman dirilik bizde gizli kalmış demektir. Bu hali belki şu hadis açıklayabilir; "*Ben Allah'tanım, müminler bendendir.*" Burada Peygamber, "Ben diriyim mümin ise benim diriliğimden dirilik kazanarak idrâki açılandır" demektedir.

"Varlık âleminde bulunan ne varsa canlıdır. Çünkü varlık âleminde bulunan her şey Allah'ı hamd ile tesbih eder. Bir canlı da ancak tesbih edebilir. O halde hayat sırrı bütün varlıklarda mevcuttur. 'Hayy sırrı' bütün varlıklara sirâyet etmiştir."[145]

"el–Hayy, sadece hayat sahiplerinin vasıflanabilecekleri özelliklerin kendisine nispet edilmesinin kesinliği nedeniyle el-Hayy'dır.
Kadim ve Hayy'ın hayatı, karşısında duran herkesi aydınlatan güneş ile güneş ışığı gibidir ; bizâtihî Hayy'ı kim görürse canlanır ve hiçbir şey ondan gizli kalmaz.
Her şey canlıdır. Eşyanın hayatı mutlak el-Hayy'ın hayatının onlar üzerindeki bir feyzi (*çokluğunun çokluğu; nimeti, ihsanı; mânevî saadeti*) olduğuna göre, a'yân-ı sâbite, sabitlikleri halinde canlıdırlar. Şayet onlar canlı olmasalardı, Hakk'ın celâline lâyık bir kelâm ile 'Kün/Ol' sözünü duyamazlardı.
Binâenaleyh a'yân-ı sâbitenin bu kavli işittikleri ve Hakk'ın emrine icabet ettikleri sabit olduğuna göre, onların hayat sahibi oldukları da kesinleşmiştir; onların hayatlarını ise, sadece kâmillerden muhakkik *(hakîkat araştırıcısı)* olanlar idrak edebilir.

145 Muhyiddin İbn Arabî, ***Risaleler***, s. 96

Ârif, bu müşâhede ile daima temiz bir hayat içinde bulunur. Bu, ehl-i keşfin en büyük nimetlerinden birisidir ve en lezzetli yaşamadır. *(Ârif ezelî diri yani idrak sahibi olduğundan daima Allah ile irtibatlıdır. Bu yüzden de eşyanın hakîkatini keşfeder.*[146]*)*
Şayet sıradan hayatın elemleri onlarda tezahür ederse bile, bu onların hayatlarının temizliğine ve yaşamlarının lezzetine zarar vermez. Çünkü cismânî elemler, rûhânî nimetlere karşı koyamaz, aksine rûhânî nimetlerin darbesi karşısında silinip giderler; bunun nedeni, mânânın sûrete üstün gelmesidir.
Perdeli insan velîde bir sıkıntı gördüğünde, bunu, sıkıntı, gam ve hüzün gibi bir belâ kendisine geldiğinde kendindeki haline yorar; halbuki belânın velînin nefsindeki hükmü, bu perdeli insanın vehmettiğinden farklıdır. Çünkü velîye gelen şeyin sûreti belâ, fakat mânâsı ise, sadece ehlinin anlayabileceği bir afiyet ve nimettir."[147]

"Camille Flammarion der ki: Hiç bir şey yoktan vücuda gelmeyeceği cihetle, bilcümle eşyanın vücûd-ı Hak'tan neş'et etmesi (*vücuda gelmesi*) yani onun tezahürleri ve tecellîsinden ibaret bulunmuş olması lâzım gelir. (....)
Hulasa, insanın, vücudunun Hak'la kaim olup müstakil bir vücuda mâlik (*sahip*) olmadığını ve Hakk'ın fiil ve sıfatları ile ancak o kimsenin istîdat ve kabiliyet derecesine göre onda tecellî ettiğini bilmek gerekir."[148]

"Gerçek hayata, Tanrı'yla kaim ve Tanrı'nın halîfesi olan velî mâliktir. Gökte ve yeryüzünde bâkî olan bütün şeyler onun nûrunun aksi ile diridirler. Hayat onlara âriyeten verilmiştir."[149]

"Allah yolunda fânî olanların vücudu bu dünyada ölür, ancak bu ölüm değil, bir ebedî hayata diriliştir."[150]

---

146 Derleyenin Notu
147 Sadreddin Konevî, ***Esmâ-i Hüsnâ Şerhi***, ter. Ekrem Demirli, İz Yayıncılık, İstanbul, 2004, 2. Baskı, s. 177-178
148 Ken'an Rifâî, ***Sohbetler***, s. 468
149 Sultan Veled, ***Maârif***, s. 58
150 Ken'an Rifâî, ***Şerhli Mesnevî-i Şerif***, s. 574

el–Kayyûm

"Kayyûm: Kıyamdan 'Fey'ul' vezninde (*kalıbında*) bir mübalağa kipidir ki, kendi kaim, diğerleri mukim (*ayakta tutan*) ve mukavvim (*yöneten*) demektir. Ve bunda eşyanın ayakta durmasının ilâhî kıyâmda fânî olduğuna lafzında bir îma (*işaret*) vardır. İbni Sînâ bunun vâcibü'l-vücud kavramına eşit olduğunu söylemiş ise de, buna vâcibü'l-vücûd kavramının, kendinden başka, ondan ayrılmaz bir kavramı olan, küllî mucid (*her şeyi yoktan var eden*) küllî müdebbir (*her şeyi idare eden, yöneten*) gibi diğer kemâl kavramlarının hepsi de anlam itibariyle dahildir. Âyetin devamı bunun açıklamasıdır. Ve bu isimlerin "İsm-i A'zam" olduğu da söylenmiştir."[151]

"Abdu'l-Kayyûm (*el-Kayyûm'un kulu*): Allah'ın emirlerini yerine getirmede yardım ettiği kul."[152]

"Kayyûm'dur: Kendisiyle kaimdir (*devamlı ve sabit olan*). Kaim olan her şey de O'nunla kaimdir. Eğer O'nun kaimliği olmasaydı, varlıkta hiçbir şey kaim olamazdı."[153]

Bütün varlıkları kendi varlığıyla devam ettirip kendi varlığıyla yönetendir.

"Kayyûm; kaim kelimesinin mübalağa sıfatı olup her şeyi yaratma, yetiştirme, lâyık olduğu kemâle ulaştırma ve koruma hususunda sürekli bir şekilde ayakta tutan ve gözeten demektir. Aynı zamanda 'el-Hay-

---

151 Elmalılı M. Hamdi Yazır, ***Hak Dini Kur'an Dili***, sad. Prof. Dr. İsmail Karaçam, Yrd. Doç. Dr. Emin Işık, Yrd. Doç. Dr. Nusrettin Bolelli, Abdullah Yücel, Yayıncı Zehraveyn, İstanbul 2011, c. 2, s. 155

152 Abdürrezzak Kâşânî, ***Tasavvuf Sözlüğü***, s. 381

153 İbn Arabî, ***Tefsir-i Kebir Te'vilât***, s. 152

yu'l-Kayyûm', Allah'ın İsm-i A'zam'ıdır, denilmiştir. Hz. Îsâ (*a.s*) ölüleri diriltmek istediği zaman, bununla duâ ederdi: 'Yâ Hayyu, yâ Kayyûm' derdi. Yine deniz yolculuğu yapan kimseler, batma tehlikesi geçirdiklerinde, 'Yâ Hayyu, yâ Kayyûm' diye duâ ederlermiş. Hz. Ali b. Ebû Talib'ten şöyle dediği rivâyet edilmiştir: 'Bedir günüydü, Resûlullah (*s.a.s*) ne yapıyor diye bakmaya gelmiştim. Onun secdede şöyle dediğini duydum: '*Yâ Hayyu, yâ Kayyûm*'. Ben, defalarca yanına girip çıktım, fakat o, o halde devam ediyordu ve söylediği ifadelere başkalarını eklediğini duymadım. Allah fetih gösterinceye kadar bu duâya devam etti.' Bu da, bu ismin yüceliğini gösteriyor."[154]

"el-Kayyûm, her nefsin elde ettiği şey üzerinde kaim oluşu nedeniyle 'kayyûm'dur. Tarîkat erbâbının bir kısmı, 'Kayyûmluk' özelliğini ahlâk edinmeyi menedip, bu özelliğin Hakk'a mahsus şeylerden olduğunu ileri sürmüşlerdir. Ehl-i keşfe göre ise, bu sıfat ahlâk edinilmek ve vasıflanmak noktasında en hak sahibi niteliktir. Bunun nedeni, bu sıfatın her şeye sirâyet etmesi ve kevnî (*yaratılışla ilgili*) hakîkatlerin ve ilâhî isimlerin bununla kaim olmalarıdır (*ayakta durmalarıdır*).
Kayyûmluk, bizâtihî Hayy'ın bir sıfatı ve na'tı olduğuna göre, el-Kayyûm her durumda el-Hayy'a eşlik etmiştir. Hiç kuşkusuz, el-Hayy ismi kendilerine sirâyet ettiği için her şeyde hayat bulunduğu sabit olmuştur. Şu halde, her şey 'Hayy/diri' olduğu gibi, aynı şekilde her şey, kendilerine Kayyûmluk sirâyet ettiği için 'kaim'dir. *(Dirilikteki devamlılık ve diriliğin insanı yönetmesi ismidir. Hz. Konevî burada nûr-i Muhammedî'nin kula sirâyet etmesiyle, kulun dirildiğini ve bu diriliği korumak için mücâdele verdiğini anlatır. Bizleri dirilten Allah'tır ama bu diriliğin bizde bâkî olduğunun bilinmesi için gayret ister. Bu yüzden bu ismi ahlâk haline getirmek gerekir.*[155]*)*
Şayet söz konusu bu sirâyet olmasaydı, mümkünlerin a'yânı 'Allah için ibâdet edenler olarak ayağa kalkınız' ifadesi için 'kaim' olmazlardı. Şu

154 İsmail Hakkı Bursevî, ***Muhtasar Rûhu'l-Beyân Tefsîri,*** Damla Yayınevi, İstanbul 2010, c. 1, s. 440
155 Derleyenin Notu

halde, Kayyûmluk hükümleri ve bunların eserleri, önce mânevî hakîkatlerde ve gaybî şe'nlerin (*oluşların, işlerin*) mertebelerine, nûrânî ruhların basitliklerine ve ilâhî isimlerin tecellîlerine; ikinci olarak insânî-kemâlî kuşatıcı ve birleştirici nefislere ve nefeslere; üçüncü olarak da mânevî hakîkatlere delâlet eden lafzî ve zihnî harflerin hakîkatlerine sirâyet etmiştir.

Şayet, bu özellik mânevî-ulvî hakîkatlere sirâyet etmemiş olsaydı, vücûdî varlıklar/a'yân sâbitlik hallerinden harice çıkamazlardı.

Şayet, kayyûmluğun nefeslerdeki eserleri olmasaydı, basit harflerin sûretleri zuhur etmezdi. Delâlet ve işaret eden harfler birleşmemiş olsaydı, vücûdî kelimelerin zuhûru söz konusu olmazdı."[156]

"el-Kayyûm nefsi ile kaim olandır. Kendisinin dışındakiler ise O'nunla kaim olurlar. *(Allahu Azîmüşşan nefsi olan Hz. Peygamber ile kaimdir, yani sirâyet eder.[157])* Bu isim, sıfatların isimlerindendir. Bu ismin sıfatı kayyûmiyettir. Kayyûmiyet, zâtî şe'nlerin iktizâları icabı varlık mertebelerinin tamamlanması için, mutlak ve mukayyed varlığın bulunduğu durumda lâyık olduğu şeyle, Hakk'ın zâtı ile sıfatlarında, sıfatlarıyla mahlûkatında zuhur etmesinden ibarettir. O halde anla!"[158]

> Kayyûmiyet; Allah'ın tecellîsinin neticesinde bütün varlıklarda ezelî istîdatlarına göre diriliğin oluşmasını anlatır.

"Hz. Peygamber (*s.a.s*) bu isimle tahakkuk etmiş ve bu sıfatla vasıflanmıştır. Çünkü O, ilâhî isimlerin kendisiyle kaim oldukları hakîkatleri ve onlarla kaim olan halkî sıfatları cem etmiştir. İşte bu kayyûmluktur. O halde anla!"[159]

"Mazlum, hayy ve kayyûmdur."[160]

---

156 Sadreddin Konevî, ***Esmâ-i Hüsnâ Şerhi***, ter. Ekrem Demirli, İz Yayıncılık, İstanbul, 2004, 2. Baskı, s. 179-180

157 Derleyenin Notu

158 Abdülkerîm Cîlî, ***Hakîkat-i Muhammediyye***, s. 151

159 Abdülkerîm Cîlî, ***a.g.e.***, s. 272

160 Muhyiddin İbn Arabî, ***Risaleler***, s. 181

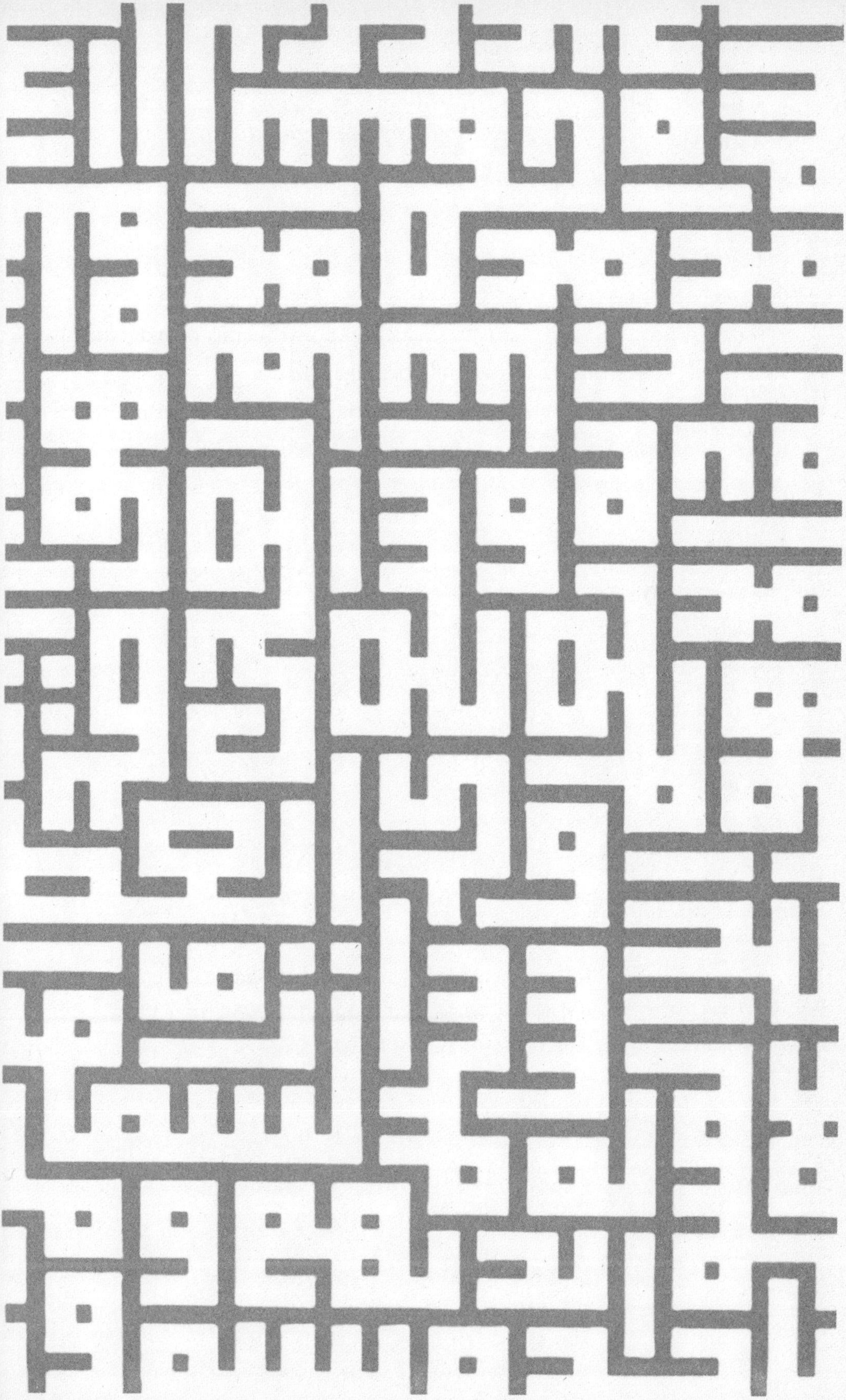

lâ te'huzuhu sinetun ve lâ nevm
O'nu ne gaflet basar, ne de uyku.

"O'nu ne gaflet basar, ne uyku; daima Alîm, daima Habîr'dir (*her şeyden haberli*)."[161]

"O, öyle bir Kayyûm yani ayakta olandır ki, bir göz açıp kapayıncaya kadar dahi Onu ne bir uyuklama ne de bir uyku tutar. Ne uyku seviyesine ulaşmayan bir uyuklama veya uyku gibi bir hal, ne de herhangi bir gaflet, fetret (*fasıla*), fütur (*gevşeklik*) gibi bir hal...; bunların hiçbirisi asla ona ârız olamaz. Burada sine/uyuklama hali, nevm/uyku halinden önce zikredilmiştir. Bunun sebebi şudur: Mücessem/beden sahibi varlıklardakinin tersine, Cenâb-ı Hakk'a uyuklama hali uyku halinden daha yakın görünmekle birlikte o, bundan dahi münezzehtir Bu da şu anlama gelir. Yani Hak, uyuklamadan münezzeh olunca uykudan elbette ki münezzeh olur."[162]

Burada bahsedilen uyuklama hali diriliğin kesilmesi halidir.

"'*Kendisine ...uyuklama gelmez.*' Hafif uyku veya uyuklama tutmaz O'nu. Canlıların iradeleri dışında zaman zaman uyuklamaları gibi. Bu hayatı araz olan varlıkların özelliğidir. Bu tür varlıklara tabiat, zâtî bir halle galip gelir, onlarda dinlenme ve istirahat isteği uyanır. Uyanıkken harcanan gücün yeniden toplanması arzusu doğar. Hayatı zâtının aynısı olan varlık için ise böyle bir şey mümkün değildir. O'nun hayatının

161 Elmalılı M. Hamdi Yazır, ***Hak Dini Kur'an Dili***, sad. Prof. Dr. İsmail Karaçam, Yrd. Doç. Dr. Emin Işık, Yrd. Doç. Dr. Nusrettin Bolelli, Abdullah Yücel, Yayıncı Zehraveyn, İstanbul 2011, c. 2, s. 170

162 Abdülkâdir Geylânî, ***Geylânî Tefsiri***, Ceylani İlim Araştırma ve Yayın Merkezi, İstanbul, 2012, 1. Baskı, c. 1, s. 237

araz olmadığı da '*uyku tutmaz..*' ifadesiyle açıklanıyor. Çünkü uyku, hayatın zâtî olmasıyla çelişen bir durumdur. Bunun nedeni de uykunun bir şekilde ölüme benzemesidir. Bu yüzden uyku ölümün kardeşidir, denilmiştir. Hayatı zâtının gayrısı olmadığı için zâtından dolayı uykusu olmayanın uyuklaması da olmaz, çünkü uyuklama uykunun öncüsü ve sonucudur. Tıpkı 'gülmesi ve hayret etmesi yoktur' denildiği gibi. 'Kendisine ne uyku gelir, ne uyuklama' ifadesi kayyûmluğunun açıklaması niteliğindedir."[163]

Kayyûmluk vasfına sahip olan ve zâtî tecellîsi açığa çıkan velîler şu hikayede anlatılana benzerler: Camiinin kapısına şeytan gelmiş. Onu tanıyan bir ârif orada ne yaptığını sormuş. Şeytan cami benim en sevdiğim yerdir, şu namaz kılanı şaşırtacağım demiş. Ârif o zaman neden içeri girmediğini sorunca, köşede uyuyan âlimden korkuyorum demiş. Görülüyor ki onlar uykuda görünseler de uyumazlar.

"Âyette geçen '*sinetun*' kelimesi, insanı uyku ağırlığının basması anlamınadır ki, insan uyumadan önce, kendisinde meydana gelen uyuklama olayıdır. Uyuklama, uykunun başlangıcıdır. Mübalağada kıyasta aksi olduğu halde âyette, önce uyuklamanın ve sonra uykunun getirilmesinin sebebi dış görünüşe ve meydana gelişteki tertibe göredir. Çünkü insanda bu ikisinden, önce uyuklama, bundan sonra da uyku ârız olur. Buna göre anlam şöyledir: Koruması ile kaim olan bir şeyi koruma hususunda yorulma, gaflet, usanma ve gevşeklik gösterme gibi yaratıkların başına gelenler, Allah için söz konusu olamaz. Allah için yorgunluk diye bir şey yoktur. Çünkü yorulan varlık, dinlenmeye ve uyku yoluyla istirahata gerek duyar. Kaldı ki uyku ölümün kardeşidir. Ölüm ise hayatın ve diri olmanın karşıtıdır. O Allah, hakîkî anlamda Hayy, yani ölmez diridir. Hayatın zıddı olan bir şey O'nun için söz konusu değildir. Kaldı

163 İbn Arabî, ***Tefsir-i Kebir Te'vilât***, s. 152-153

ki Allah, kemâl sıfatlarıyla da muttasıftır. Bu bakımdan O, her türlü eksik sıfattan münezzehtir, uzaktır.
Rivâyete göre Hz. Mûsâ (*a.s*) meleklere, 'Rabbimiz uyur mu?' diye sordu. Allah da, meleklere, Hz. Mûsâ'yı üç gün uykusuz bırakmalarını, uyumasına izin vermemelerini vahyetti. Sonra, eline iki dolu bardak almasını istedi. Hz. Mûsâ da içi dolu iki bardağı eline aldı. Bu arada uyku baskın gelip, ellerindeki iki bardak yere düşüp kırıldı. Sonra Allah: *'Ben gökleri ve yeri kudretimle tutuyorum, eğer beni bir uyku ya da uyuklama alsaydı, gökler de, yer de yok olup giderlerdi'* buyurdu. Hadiste de şöyle buyurulmuştur: *'Şüphesiz Allah uyumaz ve O'na uyumak da yakışmaz.'*
İbn Melek de şöyle der: "Bu uykunun Allah için muhal olduğu konusunda bir açıklamadır. Çünkü uyumak, bir âcizlik belirtisidir. Oysa Allah âcizlikten yüce ve münezzehtir. Ebû Yezid Bestâmî de: 'Ben gecelerimi kendim için gündüz yaptığımda, işte o zaman bana kapılar açıldı' demiştir."[164]

"İşte hayât-ı hakîkîye sahip olan Allah'ta nevim (*uyumak*) olmaz, gaflet bulunmaz, uyuklamaz, uyku tutmaz, zîra uyku ölümün bir kardeşi sayılır. Cenâb-ı Hak bu sıfatlardan münezzehtir. O daima Alîm'dir (*ilmi ebedî ve ezelî olan*), Habîr'dir (*her şeyden haberdar olan*)."[165]

"Peygamber (*s.a.s*) Efendimiz, bu his (*dünya hayatını*) âlemini uyku saydı. Uyku da hayalden başka birşey değildir. Ve bu mânâyla ilgili olarak şöyle buyurdu: *'İnsanlar uykudadır. Öldükten sonra uyanırlar.'*
Uyku ise hayal sayılır. Zîra; dünya hayatında edindiklerin; mal, mülk hepsi beşer tarafından burada bırakılmaktadır. Aynen rüyada görülenlerin ele geçmemesi gibi. Yani, bütün eşyanın hepsi hayalden ibarettir. Daha da mânâyı açarsak şöyle deriz: Onlara, dünyada, bulundukları hal üzere iken, hakîkatler zâhir olur. O vakit anlarlar ki, uykudalar. Burada

164 İsmail Hakkı Bursevî, ***Muhtasar Rûhu'l-Beyân Tefsîri,*** Damla Yayınevi, İstanbul 2010, c. 1, s. 441
165 Şemseddin Yeşil, ***Füyûzat***, Ş. Yeşil Kitabevi, İstanbul:2009, 5. Basım, c. 1, s. 274

şaşırma, bu; ölümle, tam bir intibah, yani uyanıklık hâsıl olur, mânâsına gelmez.

Sebebini sual edersen şöyle deriz: Gaflet Allah tarafından gelir; berzah ehlini, mahşer ehlini, cehennem ehlini, cennet ehlini sorar. Tâ, cennet ehlinin çıkacağı tepede, Yüce Hak onlara tecellî edinceye kadar. Oraya çıkarlar ve Yüce Allah'ı müşâhede ederler.

Şunu da bil ki! İkrar edilen gaflet, uykudur.

Hasılı; Bütün âlemlerin aslı hayal olmuştur. Âlemlerin hangisinde olursa farketmez, bütün ümmetler hayal ile kayda bağlanmıştır. Onlardaki şahısları hayal bağlar.

Dünya ehli olan şahıslar; dünya ve âhiret işlerini hayal ile kaybederler. (*aslı hayal olan işleri yaparak*). Her iki hal de; Allahu Teâlâ ile huzura dalmaktan alıkoyan gaflettir. Bu gaflette oyalananlarsa uykuda sayılırlar. Ancak gafletten uyanık olan şahıslar; Allah ile huzurda olan kimsedir. Allah ile münâsebeti ne kadar ise, uykudan ayıkması o kadar rahat olur. Berzah ehlinden olan şahıslar da gaflettedirler (*uykudadırlar*). Fakat bunların uykusu dünya ehlinin birçoğuna mukayese edilirse daha hafiftir. Bunlar, kendilerine ait halle meşgul olup dururlar. Azapla, ya da nimetle... Bu durum onlar için uykudur, zîra onlar Allah'tan gafil durumdadırlar. *(Burada bahsedilen berzah, dünyada olup âhireti yaşayanları anlatmaktadır.*[166]*)*

Kıyâmet ehli de gaflet (*uyku*) içindedir. Bunlar her ne kadar, hepsi için Allahu Teâlâ'nın huzurunda iseler de, Allah ile değil, hesap ile olurlar. Ancak, bunların uykusu, berzah ehlinin uykusundan daha hafiftir. *(Kıyâmet ehli ile kastedilen, kıyâmeti bu âlemde hisseden kişilerdir.*[167]*)*

Cennet ve cehennem ehlinin durumu da böyledir. Cennet ehli: Kendilerine gelen nimetlerle olurlar. Cehennem ehli: Kendilerine edilen azapla olurlar. Bütün bu durumları, onlara Allah'tan gaflettir. Ayıkması olmayan bir uykudur. Ancak bunların uykusu, uyku öncesi gelen uyuklama haline benzer. Uyku ciheti ile, mahşer ehlinden daha hafiftir.

166 Derleyenin Notu
167 Derleyenin Notu

Ahvâl açıklanan gibi olduğundan dolayı, âlemlerden her biri, Hak olma ciheti ile, Hak'ta bir nazara uğramıştır. Bu mânâlardan şaşırılmasın. Zîra, Allahu Teâlâ varlığın tümü iledir.

Aşağıda açıklanan âyet-i kerîme'nin mânâsı delil olundu:

'Nerede olursanız olun; o sizinle beraberdir.' (Hadîd, 4)

Ancak onun böyle oluşu, uyku hali gibidir, ayıklık haline benzemez. Âraf ehli ile, kesip ehli -cennetteki tepe- dışında kalanlara da bir ayıkma yoktur. Bunlar, Allah iledir ki, bunlara ne kadar tecellî olursa, o kadar ayıkma hâsıl olur.

Bir kimseye, bu âlemde, takdir hükmü ile, Allah'tan ayıkma hali gelirse, ki bu, cennet ehline kesipte -cennetteki tepe- saklanan cinstendir. İşte o vakit Allahu Teâlâ, o kimseye tecellî eyler, ayık halinde ona zâtını tanıtır. *(Yani dünyada ezelî nasibini ortaya çıkaran kişi Allah'ın tecellîsini daha kuvvetle hisseder, ayıklığı sabittir.*[168]*)*

İşbu mânâ icabıdır ki; bu makamın efendisi olan Peygamber Efendimiz (*s.a.s*) onun mânâsıyla şöyle buyurdu: '*İnsanlar uykudadır.*' [169]

> Allah Hz. Mûsâ'ya "Sen de ben diyorsun, ben de ben diyorum. İki ben olmaz. Ben seni o kadar çok seviyorum ki, senin için yok olmayı isterdim ama ben ezelî ve ebedî Hayy'ım (*diri*). Bu yüzden sen yok ol da bana gel", buyuruyor. Görülüyor ki uyku gaflet demek olduğu gibi, uyuklamak da gaflet ile mânâ arasında olmak demektir. Dolayısıyla uyuyan ya da uyuklayan ihtiyaç sahibidir. Allah için ise ihtiyaç yoktur.[170]

Hz. Pîr buyuruyor ki;

"Uyanıklığa götüreni bırakmak iyi olmaz. Her zaman uykuyu değil biraz da uyanıklığı aramak lâzım. Ayık olmak iyidir. Uykuya, yani gaflete dalmak yaramaz. Ayık durmak varken gaflet yolunu seçmek, noksanı, azı çoğa, iyiye tercih sayılır. Ayıklığı icap ettiren halleri terk, bütün iyi şeyleri bir yana itmek sayılır. Bu yerinde bir şey sayılmaz.

---

168 Derleyenin Notu

169 Abdü'l-kerîm b. İbrahim el-Cîlî, ***İnsân-ı Kâmil,*** c. 2, s. 141-144

170 Derleyenin Notu

Gaflet bir nevi ölümdür. Bu yüzden gaflet yakışmaz. İlâhî emirler karşısında gaflete düşmek çok yakışıksızdır. Dikkat edilirse doğruyu bulma arzusu arttıkça gaflet azalır. Bunun icabıdır ki, âriflerde bayağı uyku azalmaya başlar. Bundandır ki meleklerde uyku yoktur. Ehl-i cennet uykuyu bilmezler. Bunların derecesi çok yüksektir. Çünkü uyku bir gaflettir. Dolayısıyla noksanlıktır.

Bütün hayır işler, ayık olmadadır. Bütün şerler gaflette toplanmıştır. Bunun çeşitleri vardır. Zâhirî uykudan kurtulmak için az yemeli, az içmeli. Çok yiyip içince çok uyku olur. Gafletin çeşitli sebeplerinden biri çok yemekten hâsıl olan uykudur. Daima uykuya dalmak ve her şeyi unutmak kötüdür.

Çok yiyen kimse rahat ibâdet yapamaz. Çok yiyen kimse oruca dayanamaz. Bilhassa haram yiyenler, tam bir gaflet içinde ve ölü gibidirler. Az da olsa haram yiyene az yedi denemez. Haram şeyin azı da çok sayılır. Her halde dikkatli olmak yerinde olur. Az gaflet eden çok nâdim olur. Haramdan çok sakınmalıdır. Çünkü azı yoktur. Haram, îmanı örter, kalbi karartır. Alkollü içkilerin azı, aklı yıkmaya yettiği gibi haramın da azı îman ışığını söndürür. Zamanla îman ışığı sönerse, ibâdetin ve iyiliğin yararı kalmaz. Helâl yemeli, helâl içmeli. Helâlin azı da yeter. Çünkü gönül rahatlığı ile ibâdet yapılır. Helâl, nur üstüne nurdur. Haram kir üstüne kirdir. Helâli de nefse uyarak yemek olmaz. Allah'ın emirlerine göre yiyip içmeli. Aksi halde bir nevi israf yolu seçilmiş olur; bu da yakışmaz. Haram yemek daima gaflet getireceğini ve ondan sakınmayı bir daha hatırlatırız."[171]

"Geceler ilâhî hikmete ve Allah'ın birliğine karşı uykuda olanlar için bir gaflet döşeği, ruhları Allah'larına yakın bulunanlar için ise ilâhî güzelliğin tecellî ettiği esrarlı aynadır."[172]

171 Abdülkâdir Geylânî, ***Fütûhu'l Gayb***, ter. Abdülkâdir Akçiçek, Alperen Yayınları, Ankara 2001, 1. Basım, s. 170-171

172 Ken'an Rifâî, ***Şerhli Mesnevî-i Şerif***, s. 574

"Gündüz Hakk'ın yolunda yürü, geceyi düşünme uyu, zarar yok. Çünkü ömrünü uyanıklıkla geçiren kimsenin uykusu da ibâdettir."[173]

Nitekim Hz. Peygamber *"Benim gözüm uyur, kalbim uyumaz"* buyurmuştur.

"Resûlullah'a: Cennettekiler uyurlar mı ? diye sorulmuştu. Cevaben buyurdu ki:
'*Uyku, ölümün kardeşidir. Cennettekiler uyumazlar.*' (*Tirmizî*)"[174]

"Bir ruh, sırlara ve yüceliklere uyanık olduğu ölçüde Hakk'a yakındır. Buna mukabil, kendisini şeytanca duygulara kaptırmış; dünya kirlerine bir bataklık gibi saplanmış bir rûhun yalnız dünyaya uyanık olması, ona ancak geçici zevkler ve aşağılık duygular verir."[175]

Ahmed er-Rifâî Hazretleri buyurur ki;
"Ey geceleyin uykunun tadına dalmış olan! Bu uyku, geceyi uykusuz geçirmek için bir rehinedir. Sen unutsan bile talihinin yıldız ve zamanın iniş çıkışları seni unutmayacaktır. Zîra zamanın hile ve oyunu süratlidir. Şayet değerini yükseltirse alçaltır, vefâ gösterirse ihânet eder, ona en fazla güvenen kimse korku içinde olup ihtiyat ve çekinme kapılarını çalar."[176]

"Gününü zevk ve safâ ile geçirdikten sonra, gece de uyumayarak sabah ezanına intizar eden bir kimseden bahsediliyordu. Ken'an er-Rifâî Hazretleri;
'Uyanıklık büyük şeydir. Bâhusus bu zevk ve safâ içinde sabah ezanına intizar etmesi, o kimse hakkında güzel bir işarettir.

173 Ken'an Rifâî, ***Sohbetler***, s. 630
174 Mehmet Dikmen, ***Peygamberimizden 365 Hadîs-i Şerif***, Sevgi Yayınları, İstanbul, 2002, s. 118
175 Ken'an Rifâî, ***a.g.e.***, s. 64
176 Ken'an Rifâî, ***Seyyid Ahmed er-Rifâî***, Cenan Eğ.Kül.Sağ.Vakfı Neşriyatı, İstanbul 2008, 1. Baskı, s. 46i

Abdülkâdir Geylânî Hazretleri bir gece mecliste oturmuşlar, münhal olan kutup mevkiine yeni bir kutup tâyinini müzâkere ediyorlarmış. Erkenden eve girip dolaba saklanan bir hırsız da, ortalıktan el etek çekilip herkesin yatmasını bekliyormuş. Fakat müzâkere uzadığından seher vaktine kadar beklemiş. Ve boş olan mevkiye münâsip bir kimse bulunamadan meclis dağıtılacağı sırada, nihayet Abdülkâdir Hazretleri: Canım, demiş şu dolapta bizimle beraber sabahlayanı tâyin ediverelim! Tabiî, vakit saat de gelmiş olduğundan, hırsızlık maksadiyle gelmiş olan o kimse, o anda her türlü suçtan kirden silkinip bir anda kutup mevkiini bulmuş, buyurmuşlar."[177]

Yine kendisine "Kendisini uyanık zanneden kimse gerçekten uyanık mıdır? diye sorulduğunda; 'Ben gafil değilim' diyen kimse gaflette demektir. Resûlullah Efendimiz: '*Yâ Rabbî seni hakkıyle bilemedik*', buyurduktan sonra bize ne demek düşer? cevabını vermiştir."[178]

"Gece uyku getirir; bu sebeple de halk gaflet uykusuna batıp gitmiştir; çünkü dünya gecesindedir; elbette uykuları da ağır olacaktır.
Bu dünya geceye, öteki dünyaysa gündüze benzer; bu, kış gibidir, ötekiyse bahar gibi,
Gece şarabının ölçüsü-tartısı yoktur; bu yüzden de gaflet uykusu ağırdır,
Gece sâkıysi halkı öylesine sarhoş edip sızdırmış, yıkakoymuştur ki,
Yüzlerce nâra atılsa gene uyanıp kalkmaz; kötülükle kendi kendinin kanını döker,
Onları ancak ölüm uyandırır; böyle kötü sızıştan kaldırıp akıllarını başlarına getirir.
Gece, şüphe yok ki herkesin uykusunu getirir: Ot-otlak, sürüyü otlamaya sevkeder.
Geceyi uykusuz geçiren kişiyi, uyuyanlardan sayma.
O, önceden ölümü görmüştür; sana da dirilik gerek; onunla düş–kalk.

177 Ken'an Rifâî, ***Sohbetler***, s. 66
178 Ken'an Rifâî, ***a.g.e.***, s. 610

Âşık da yaratılmıştır ama canı, hakla bâtılı ayırt edenin nûrudur, sırrıdır. Onun sûreti, büyük kıyâmettir: Kopacak kıyâmetse, küçük kıyâmettir."[179]

"Bir köle, padişahın önünde el bağlayıp durursa o, padişahın, sûretinin önünde el bağlamamıştır. Eğer böyle olsaydı, padişah uyurken de aynı şeyi yapması lâzımdı. Uykuda, padişahın sûreti kaybolmuyor, yine yerinde duruyor. Uyandığı zaman, köle gelip karşısında el pençe divan durur! Kölenin, padişaha uyandığı zaman saygı göstermesi, padişahtaki o 'uyanıklık' içindir: Uyanıklık ise mânâdır. İşte köle bu uyanıklığa saygı gösteriyor. Eğer köle, uyanık padişahın önünde el pençe divan durur, ona saygı gösterirse, ondan rütbe ve mansıp bulur. Diğer kölelerden daha çok derecesi yükselir. O halde sen de daima uyanık olan Tanrı'ya ibâdet ve hizmet etmiyorsun ve: 'Tanrı daima uyanıktır, benim iyi ve kötü hallerimi ve işlerimi görür. El bağlayıp ona ibâdet edeyim, cehennem azabından kurtarılayım' demiyorsun."[180]

"Biliniz ki, akıllı, uyanık ve hüzünlü, câhil ise gaflete dalmış ve fitneye düşmüştür. Aklın başına topla ey gafil, uyanık ol ey câhil! Gaflet uykusundan uyan! Gaflet sıkıntıdır, ansızın gelen belâ arayı kapayan engeldir. Bu pek kısa olan saadetin ve selâmetin seni aldatmasın. Gece karanlıklarında kalk, Allah'ına yalvaran olarak, yüreğinin bütün temizliği ile duâ için ellerini aç! Kuvvet ve kudret sahibi hükümdar olan Allah'tan günah ve hatâlarının af buyrulmasını iste! Gözlerinden pişmanlık yaşlarını akıt ki inşallah gaflet sarhoşluğundan iyiliğe dönmüş ve yine doğru yola avdet etmiş olasın. Her şeye ibret nazarıyla bak ve her lahzada durumların ve işlerini iyice düşünüp, onları kalp gözüyle gör!

Aklını, kesin ve şüphesiz bilginin sağlığı ile iyileştir! Bu dünya kimi dost etmiştir de sonucunda atmamıştır? Kimi sahip edinmiştir de, onu korkutmamıştır? Kime bir şey vermiştir ki ondan onun birkaç mislini almamıştır? Kimi sevindirmiştir ki, onun sevincini âh ve inleyiş izlememiştir? Cennet yolu isteklisine apaçık ise de, halkın gözlerinden perdelenmiş ve örtülmüştür. İnsanlar öldükten sonra perde açılınca, takdim eylediklerini kitapta satırlanmış olarak göreceklerdir."[181]

179 Sultan Veled, ***İbtidâ-Nâme***, s. 235 başlık, beyit 5119-5128
180 Sultan Veled, ***Maârif***, s. 139
181 Ken'an Rifâî, ***Seyyid Ahmed er-Rifâî***, s. 71i

Lehu mâ fîs semâvâti ve mâ fil ard
Göklerde ve yerde ne varsa hepsi O'nundur.

Allahu Azîmüşşan, Rahmân Sûresi'nde gökleri ve yeri tarif ederek "*Rabbinin hangi nimetlerine yalan dersiniz?*" buyuruyor. Öyleyse o göklerde ve yerde olan bütün nimetlerinden bütün yaratılmışı faydalandırandır.

"Göklerde ve yerde, yukarılarda, aşağıda ne varsa O'nun; görünür, görünmez, bütün varlık O'nun mülküdür."[182]

"'*Göklerde ve yerde olanlar onundur.*' Göklerde yani gayb-ı mutlaktan izâfî şehâdet âlemine zuhur eden ilk kesret olan sıfât-ı zâtiyye ve esmâiyyede ve yine yerde yani hakîkî mutlak şehâdetten insan kalbi demek olan izâfî gayba geri dönen adem/yokluk âleminde, başka bir ifadeyle hakîkî mutlak gayb ile hakîkî mutlak şehâdet arasında bir berzah (*ara bölge*) olan yeryüzünde zuhur eden her şey onundur, ona aittir."[183]

Ahadiyetinden ve sonsuz birliğinden bu âlemin oluşması için zuhur eden ve birlikten çokluğa geçişte ilk makam olan zâtının isim ve sıfatları, O'nun göğünün mânâsıdır. Yer ise, yokluk âlemini yani izâfî gaybı anlatmaktadır. Gaybın hakîkati (*zâtının hakîkati*) isim ve sıfatlar halinde göğü oluştururken, zâtının izâfî olarak tecellîsi yani yokluk âlemi ise yeri oluşturur. Bu iki âlem ve arasındaki her şey O'na aittir.

---

182 Elmalılı M. Hamdi Yazır, ***Hak Dini Kur'an Dili***, sad. Prof. Dr. İsmail Karaçam, Yrd. Doç. Dr. Emin Işık, Yrd. Doç. Dr. Nusrettin Bolelli, Abdullah Yücel, Yayıncı Zehraveyn, İstanbul 2011, c. 2, s. 170

183 Abdülkâdir Geylânî, ***Geylanî Tefsiri***, s. 237

"'*Semâların ve arzdakilerin hepsi O'nundur.*' Hepsinin perçemi O'nun elindedir. Onlara dilediğini yapar."[184]

"Bu, Allah'ın gerçek anlamda Kayyûm olduğunun kesin delilidir. Bu, O'nun ulûhiyette tekliğinin de kanıtıdır. Çünkü gökleri, yeri ve bu ikisinde de yer alan her şeyi yaratan bizzat Allah'tır. Bu ikisinde yer alan her şey ve bu ikisi Allah'ın mülküdürler. Hiç kimsenin bu şeylerde O'na bir ortaklığı yoktur. Öyle ise bir başkasına kulluk yapılması ve ibâdet olunması asla câiz olmaz. Kulluk ve ibâdet yalnızca O'na yapılır."[185]

"Semâvatta, yerde, yukarıda, aşağıda, görünür görünmez ne varsa hep O'nundur. Esmâ-i ilâhiyesinin ve sıfât-ı ilâhiyesinin tecellîsiyle gayb-ı mutlaktan âlem-i şuhûddaki kesret O'nundur."[186]

184 Muhyiddin İbn Arabî, ***Tefsir-i Kebir Te'vilât,*** s.153
185 İsmail Hakkı Bursevî, ***Muhtasar Rûhu'l-Beyân Tefsîri,*** Damla Yayınevi, İstanbul 2010, c. 1, s. 441-442
186 Şemseddin Yeşil, ***Füyûzat***, Ş. Yeşil Kitabevi, İstanbul:2009, 5. Basım, c. 1, s. 274

ARZ ve SEMÂ

"Aşağı olan ve göğün karşısında bulunan her şeye arz denilir. Atın üst kısmına gök, alt kısmına ve ayaklarına arz denilir. Atın semâsı yüksek bölgesi, arzı ise ayaklarıdır. Arz üzerinde bulunduğumuz yerdir. Arz hayvanın ayaklarının altıdır. Ayrıca ayaklarının yerleştiği ve aşağıdaki her şey arzdır.

Arz Kur'an'da daima tekil yer almıştır ve arzullah (*Allah'ın arzı*), arzî (*benim arzım*), arzukum (*sizin arzınız*), arzuna (*bizim arzımız*), arzuhum (*onların arzı*) gibi Allah ismine bitişik zamire tamlama yapılmış olsa bile çoğul zikredilmemiştir. Arz kelimesinin genellikle semâ (*gök*) kelimesin karşıtı olduğunu görmekteyiz. Her durumda kelime, insanın üzerinde yaşadığı yeryüzü anlamının dışına çıkmamıştır.

Arz İbnü'l-Arabî'de tekil ve çoğul olarak geçmiş ve farklı anlamlar kazanmıştır. Arz Hakk'ın sıfatlarının (*semânın*) karşılığında, yaratılmışların sıfatları, yüceliğin zıddına süflîlik, düzgün âlemin (*semânın*) karşıtı olarak bozuluş âlemidir.

Arz yönün yerli yerindeyken, semâ (*yüce, gök*) olursan: İşte bu kemâldir. Allah adamlarından bazıları '*Onun üzerinde her şey fânîdir.*' (*Rahmân, 26*) âyetine dayanarak arz yönünü yok eder. Ârif ise arzının dışından içine intikal eder, dolayısıyla ondan fânî olmak yerine gerçeğini idrak eder. Sen de öyle yap!

(Ârif, olmadığı halde arzı reddetmez, zîra ancak yoklukla varlığı idrak edeceğini bilir. Bu yüzden de yokluk âleminin her türlü gerekliliğini yerine getirerek mânâyı idrak eder.[187])

---

187 Derleyenin Notu

Bu metinden ârifin arz yönünün kendisindeki Hakk'a ait özelliklerinin karşıtı olan yaratılmışlık özellikleri olduğu ortaya çıkar. İbnü'l-Arabî ârifin bu özelliklerini yok etmesi yerine, onların hakîkatini idrak etmesinin gereğini dile getirir.

Allah şöyle buyurmuştur: 'Allah gökleri ve aralarındaki şeyleri hak ile yaratmıştır.' Gökler ulvî âlemler, arz süflî âlemlerdir. (...)

'Göklerde ve yerdeki herkes dileyerek veya zorla Allah'a secde eder.' (Ra'd, 15) Gökler derken görünen ve bilinen göğü kastetmiyorum. Gök yüksekliği, arz ise düşüklüğü anlatır. Bu bağlamda bazen gökte arz ehlinden birisi bulunabileceği gibi, arzda da gök ehli bulunabilir. (...)

Arz edilgenlik ve üretme özelliğiyle rızıklar içindir; çünkü arz rızıkların ortaya çıktığı yerdir.

İnsan bedeniyle birlikte arzda bulunur. Arz insanın kendisinden yaratıldığı ve gıdasının geldiği ve varlığını bozulmadan koruyan şeylerin bulunduğu yerdir. Allah insanı âdet üzere arzın dışından rızıklandırmamıştır.

'Biz yeryüzünde *(arzda)* bulunan her şeyi zinet *(süs)* olarak yarattık.' Arz bu değerlendirmede halk diye isimlendirilen şeydir; onun süsü ise Hak denilen yönüdür."[188]

"Yüce Hak Teâlâ, bu âlemi yaratmayı dilediği zaman, hakîkatler hakîkatine nazar eyledi. Arzu edersen Hakîkatler Hakîkati yerine Beyaz Yakut dersin ki; o bu vücudun aslıdır. Hakîkatler Hakîkati'ne; Kemâl nâzarı ile baktı. O vakit eridi; su oldu. Bu mânâ icabıdır ki; bu varlıkta, Hakk'ın zuhûrunu kemâl mertebesinde taşıyacak hiçbir şey yoktur. Tek başına, kendi Zât'ından başka. Mânâyı daha da şerhedersek kısa yollu deriz ki;

Hakîkatlerin hakîkati bu vücudun aslıdır. Bu varlığı, bâtında ancak o taşır. Onun üzerine bir zuhur olunca eridi. Bu erimeden sonra, o hakî-

188 Suad el-Hakîm, ***İbnü'l-Arabî Sözlüğü***, çev. Ekrem Demirli, Kabalcı Yayınevi, İstanbul 2005, 1. Baskı, s. 78-79

katler hakîkatine azametle nazar eyledi. Bu nazar üzerine dalgalandı, dalgalandı. Aynen rüzgârla denizin dalgalandığı çalkalandığı gibi. Dalgalanma sonunda da kabaran köpükler birbirine girdi. Birbirine karıştı, aynen deniz köpüklerinin birbirine karıştığı gibi. İşte; o dalgalanmadan meydana gelen köpüklerden, Yüce Hak Teâlâ yedi kat yeri yarattı. Ol bu hâlden sonra da yarattığı her tabaka arzının cinsine göre de oranın sakinlerini yarattı. Sonra, kemâl nazarı sonunda eriyen hakîkatler hakîkati suyu yükseldi, aynen Güneş'in zuhûru sonucunda deniz buharının yükseldiği gibi. İşte Yüce Hak Teâlâ, o latîfelere, yedi kat semâyı açtı."[189]

"Semâ, ilâhî rahmetin nüzul yeridir ve Rahmân olan Allah'ın feyz ve bereket menbaıdır. Meleklerin durağıdır."[190]

"Hak Teâlâ'nın iki türlü göğü vardır: Biri mânevî, öbürü sûrete bağlıdır. Mânevî gök de yedi tabakadır, cismânî gök de. Fakat cismânîler, mânevîlere nispetle çok alçak kalır. Cismânî gökler, bu sûretler (*maddî vücutlar*) için yaratılmıştır ki, onlardan faydalansınlar. Çünkü yer ile gök, tenleri (*şahısları*) dadı gibi beslerler.

Mânevî semâlar ise, latif ruhlar içindir ki o ruhların, o semâlarda yükselmekle şerefleri artar. Hak Teâlâ ruhları başka türlü gıdayla gıdalandırır: İlim, şevk, fikir gibi. Merdân-ı Hudâ'nın yolculuğu daima bu semâlardadır. Her birinin mevki ve mertebesi bu semâların birindedir.

Asuman, Kur'an'dır. Bu mahsus felekler değil. Kur'ân'ın şerefli ifadesi, mânevî asumandır. Her kimin cisminde mânevî can varsa, Kur'an ona göre bâkî göktür. Çünkü rûhun yükselme yolu bu feleklerdir.

189 Abdü'l-kerîm b. İbrahim el-Cîlî, ***İnsân-ı Kâmil,*** c. 2, s. 312-313
190 Ahmed er-Rifâî, ***Onların Âlemi***, çev. Abdülkâdir Akçiçek, Bahar Yayınları, İstanbul 1996, s. 167

Ehl-i zâhirin anladığı, bu mânevî asumânın birinci tabakasıdır. Ehl-i bâtının anlayışı, ikinciden başlar. Her kim üçüncü bâtına gidebilmişse, o, tefsir ilminde umman olmuş sayılır."[191]

"Arzdan maksat, bu âlem evidir. Bu ev Tanrı'dan utanan, korkan ve mütevazi insanların meskenidir. Semâdan maksat, o ebedî âlemin sarayıdır. Orası melekler, temiz insanlar, Tanrı'ya yakın olanlar ve ruhların meskenidir. Binâenaleyh Tanrı'nın velîsi, kendi zamanında her iki âlemin de padişahı ve efendisidir."[192]

"Cihanın nakşında, yerde, gökte, dağda, deryada, ayda, güneşte ve yıldızlarda Hakk'ın lütuf ve cemâlini açıkça gör! Halkta ve halkın iyi, kötü huylarında 'hakîkî birin' yüzünü perdesiz seyret!
Cinde, şeytanda, insanda Hakk'ın kudret ve ilmini açıkça seyret! O maharetlinin hünerlerini gör, onların görüşleri sana da sirâyet etsin. Sen de onlar gibi haberdar olursun. Büyükleri candan sever, daima güzel sözleriyle meşgul olursun. Akıl ve idraki iyi olan kimseye cihanı yaratan gizli kalmaz. O, her zaman sebeplilikten sebepsizlik tarafına gider, daima taraftan tarafsız tarafına koşar.
Nakışlarda nakkaşı görür, sergilenenlerin içerisinde sergiciyi seyreder. Daima Hak yolunda inşa olur, ilm-i esmâ ona ders olur. İyi, kötü gözüne görünen her şey ona: 'Ahade bak!' der. Yanında her şey birer peygamber gibi olur, ona derler ki: 'Gölgeden geç, asla git!' Hak Teâlâ apaçık olduğundan dolayı nazarlardan gizlidir. Her kim bu sırrı bildiyse zinde ve lutf-u Hak civarında ebedî kaldı."[193]

---

191 Sultan Veled, ***Rebabnâme***, T.C. Konya Valiliği İl Kültür ve Turizm Müdürlüğü, İstanbul 2011, s. 286
192 Sultan Veled, ***Maârif***, s. 54
193 Sultan Veled, ***Rebabnâme***, s. 287

"Adam, havayı delip geçen kimse değildir. Adam yerinde durana denir. (...) Bir yerin hakîkatini en iyi tanıtan orada durandır, yani sakin olandır. Böylece hem hareket hem de duruş içine girer."[194]

"Tanrı: *'Yeryüzüne bir halîfe gönderdim'* buyuruyor. Her ne kadar bu, görünüşte yeryüzünün halîfesi olsa da hakîkatte gök yüzünün de halîfesidir."[195]

"Hz. Mustafa'ya *'Sen olmasaydın gökleri, yeri yaratmazdım'* buyurur.
(...)
Seni yaratmayı dilemeseydim, bir kıl bile yaratılmazdı.
Ne melek olurdu, ne insan; ne cansız olurdu, ne bitki, hayvan
(...)
Herkesin elini tutan, herkesin sığındığı zat odur.[196]

194 Muhyiddin İbn Arabî, ***Risaleler***, s. 183
195 Sultan Veled, ***Maârif***, s. 34
196 Sultan Veled, ***İbtidâ-Nâme***, s. 217 başlık, beyit 4748-4749,4752

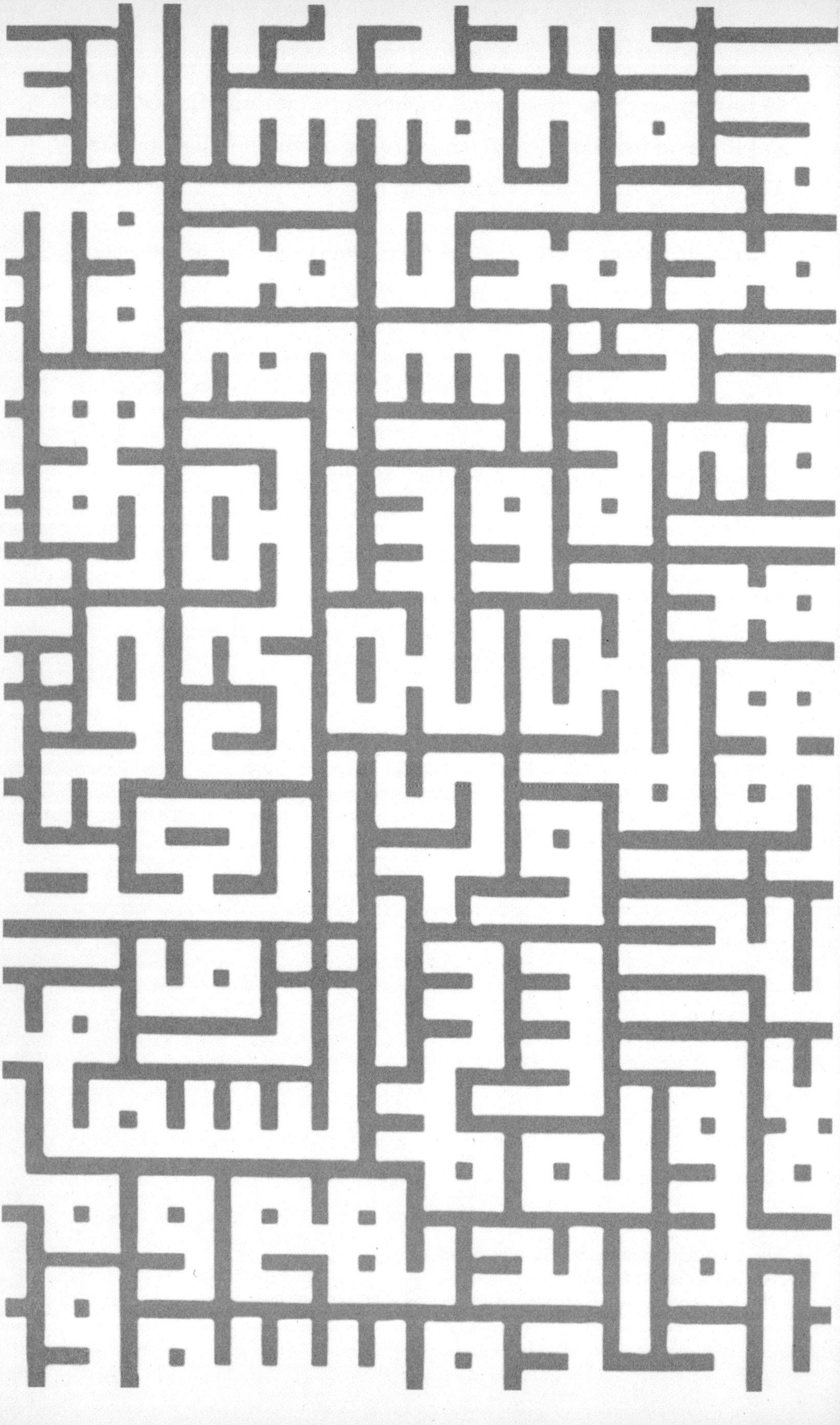

menzellezî yeşfeu ındehû illâ bi iznih
İzni olmadan huzurunda şefâat edecek olan kimdir?

"O'nun izni ve emri olmadıkça herkes başından korkmadan nasıl şefâate kalkabilir. Herhangi bir şeyde ister bir parça tasarrufa kimin yetkisi olabilir? Ancak bu O'nun iznini ve emrini almış sevgililerinden olabilir. Bilindiği üzere şefâat hürmete lâyık birinin kendinden düşük bir diğeri hesabına rica ve yakarma ile yardım ederek O'na katılması demektir ki, bu bir bilinmezi bildirmek veya bir isteği ortaya çıkarma ile bir beraberlik anlamını kapsar. Bunu da kendini ve kıymetini bilen ve şefâat olunan kimseye şefâat istenenden daha çok bir ilişkisi bulunan ve zarar getirmeyeceğinden emin olan kimseler yapabilir. Oysa Allah'ın mülkü olan şu yaratıklardan herhangi biri ile Allah'tan daha çok birlikte bulunmaya ve O'na bilgiçlik satmaya ve ilerisini gerisini tamamen idrak etmeden ve önünü ardını hesap etmeden ilâhî huzurda kendine bir mertebe verip de şefâate kalkışmak, gerek şefâat eden ve gerek şefâat olunan için ne kadar tehlikelidir. Eğer Allah bildirmemiş ise şefâat edecek olanın hâli, iyilik edilecek olandan daha çok endişeye değer olmadığı nereden bilinir? Bu hal içinde, isterse melekler ve peygamberler olsun, kimdir o ki, Allah'ın izni ve güç vermesi olmadan önünü arkasını hesaplamayıp Allah'ın kullarına Allah'tan daha çok sahip çıkma, koruma yetkisini kendinde görsün de şefâate cesaret edebilsin. Ancak Cenâb-ı Hak dilerse, özel ve genel şefâate ilâhî irade çıkar da kendilerine bildirilmiş bulunursa o başka... Demek ki yüce Allah'ın ululuğundan şefâat umulamaz değildir. Fakat şefâat de herkesten önce O'nun kendi elindedir ve O'nun izni ve emri ile gerçekleşebilir. O zaman şefâat kapısı açılır. Ve şefâat etmesine izin verilenler kendi dilediklerine değil, yine Allah'ın dilediklerine şefâat imkânını bulabilir. Bundan anlaşılır ki önce, hak tanımayan Allah düşmanlarının kendilerine şefâat etmesi umulan bir Allah dostu bulabilmelerine (...) asla ihtimal yoktur. Sonra kendisine izin verilebilecek her şefâatçinin şefâat sınırı da Allah katındaki derecesi ve o oranda elde edebileceği izin ve gücün kapsamı ile uyumlu olabilecektir. Bu bakımdan eninde sonunda izin çıktığı zaman en genel biçimde şefâat sahibi, (...) peygamberlerin en üstünü, 'sâhib-i derecât' (*dereceler sahibi*) olan Resûlullah olabilecektir. Bu konudaki naslara göre, Cenâb-ı Hak O'na şefâat için izin isteme yetkisini de bahşetmiş ve en yüksek peygamberlik makamı, 'Şefâat-ı uzmâ' en büyük şefâat makamı olmuştur ki, Makam-ı Mahmud'a şefâat hadisi gelecektir."[197]

"'*Onun huzurunda onun izni olmaksızın şefâat edecek kimdir?*' Birer hidâyet ve irşat menbaı olan peygamberlerden ve evliyâlardan, insanlık mertebesinden düşmüş olanlara Cenâb-ı Hakk'ın huzurunda şefâat edenler, ancak Cenâb-ı Hakk'ın onların kalbine çok incelikle ilham ve vahyettiği bir vahiy ve ilham sayesinde şefâat ederler ki, bunu tanımlamanın, dil ile ifade etmenin imkânı yoktur."[198]

"'*İzni olmadan O'nun katında kim şefâat edebilir?* Çünkü hepsi O'nundur, konuşan O'nunla ve O'nun kelâmıyla konuşur. Böyle iken O'nun izni ve iradesi olmadan konuşabilir mi?[199]

"Bu âyette yer alan 'men' her ne kadar soru edatı ise de, anlam bakımından nefiy, yani olumsuzluk belirtir. Bunun içindir ki, bundan sonra 'illâ' sözcüğü gelmiştir. Yani: Allah izin vermedikçe, O'nun katında kimse şefâat edemez. Eğer Allah'a yakın olan ve katında yeri olanlardan maksat O'ndan izinsiz şefâatte bulunmayacaklarsa, başkalarının şefâati asla düşünülemez.

197 Elmalılı M. Hamdi Yazır, ***Hak Dini Kur'an Dili***, sad. Prof. Dr. İsmail Karaçam, Yrd. Doç. Dr. Emin Işık, Yrd. Doç. Dr. Nusrettin Bolelli, Abdullah Yücel, Yayıncı Zehraveyn, İstanbul 2011, c. 2,s. 171-172
198 Abdülkâdir Geylânî, ***Geylânî Tefsiri***, s. 237-238
199 Muhyiddin İbn Arabî, ***Tefsir-i Kebir Te'vilât***, s. 152-153

Müşrikler, putlarının, Allah'ın ortakları olduğunu, Allah katında kendilerine şefâat edeceklerine inanıyorlardı. Allah zâtını birledi ve zâtından şirki, ortaklığı reddetti. O'nun katında, O izin vermedikçe hiçbir kimsenin şefâat etme yetkisi yoktur.

Âyet, kâfirler için şefâatin olmadığını bildiriyor. Bu, aynı zamanda Mûtezile'yi de reddeden bir delildir. Çünkü Mûtezile şefâati, temelden kabul etmemektedir. Halbuki '*O'nun izni olmadıkça*' sözüyle Rabbimiz, bazı kimselerin şefâat edebileceklerini bildirmiş olmaktadır. Bu şefâat yetkisi, Hz. Peygamber'in (*s.a.s*) olacaktır. Çünkü Allah, kendisine Makam-ı Mahmud'u vaad buyurmuştur. Bu makam, büyük şefâat (*Şefâat-ı uzma*) makamıdır.

Rivâyete göre, peygamberlere, kıyâmet gününde şefâat etmeleri için gidilecek, fakat her peygamber: 'Nefsî, Nefsî' önce kendi nefsim, önce kendi canım, bana gelmeyin, benden başkasına, bir başka peygambere gidin, diyecektir. Nihayet Hz. Muhammed'e (*s.a.s*) gelinecek ve halk kendisinden şefâat isteğinde bulunduklarında: 'Şefâat etmek için ben varım, ben varım' buyuracaktır. İşte bu, Allah'ın kıyâmet gününde kendisine vaad buyurduğu Makam-ı Mahmud'dur. Resûlullah gelecek ve hemen secdeye kapanacak, o anda Allah'ın kendisine ilham ettiği şekilde Allah'a hamd ve senâda bulunacaktır. O daha önce bunu bilmiyordu. Sonra Resûlullah (*s.a.s*) Rabbinden, insanlar için şefâat kapısını açmasını isteyecek, Allah da bu kapıyı açacaktır. Dolayısıyla şefâat etmeleri için meleklere, peygamberlere, nebîlere ve mü'minlere izin çıkacaktır. İşte bu da, Resûlullah'ın (*s.a.s*) değerinin ne kadar yüce olduğunu gösteriyor. Çünkü Resûlullah (*s.a.s*), hemen Allah'ın huzurunda secdeye kapanıyor ve O'ndan isteyeceğini istiyor, Allah da ona olumlu cevap veriyor, duâsını kabul ediyor."[200]

"Her şeyin mâliki O'dur. Enbiyâ ve evliyâdan O'nun vahy ü ilham ve izni olmadıkça O'nun huzur-ı Kibriyâsında kim şefâat edebilir, ednâyı

200 İsmail Hakkı Bursevî, ***Muhtasar Rûhu'l-Beyân Tefsîri,*** Damla Yayınevi, İstanbul 2010, c. 1, s. 442

âlâya kim terakki ettirebilir, rütbe-i insaniyeye (*insanlık rütbesi*) kim terfi ettirebilir?"[201]

"Mevlânâ '...*Kimdir O'nun izni olmaksızın huzurunda şefâat edecek?..*' âyetini; Ayaz'ın Sultan'ın huzurunda emîrlere şefâat etmesiyle açıklamaya çalışır ve şöyle der:

> Ayaz hikayesinde, sırf onu padişahın gözünden düşürmek için günde iki kere girdiği gizli odayı açan ve orada sadece Ayaz'ın eski eşyalarını bulan kişiler padişahın önüne getirildiğinde padişah, aleyhinde konuşulan ve töhmet altında bırakılan Ayaz olduğu için onları affetme görevini Ayaz'a vermiştir.

Padişah dedi ki; 'İster affetmek, ister etmemek bana ait değil, bu Ayaz'ın işidir.
Bu kötülük onun namusuna râcidir. Bu töhmet yarası onun kalbini yaralamıştır.
Can bakımından gerçi bir nefisiz ama zâhirde bu benden uzaktır.'
Kul, bir suç işlese bu şâha âr olmaz. Onun affı ve hilmi himmetinin kemâlini gösterir.
Padişah, suçluya lütfederse artık suçsuza gör nice nazar eder.
Sanma ki, padişah, sırlardan gafildir. Ancak onun hilmi bunun ortaya çıkmasına mâni olur.
Onun ilmi yanında kim şefâatçi olabilir? Ancak pervasızca onun hilmi şefâatçi olabilir.
O günah da önce hilminden hâsıl olur. yoksa onun heybeti, suç işlemeye güç bırakmaz." (*Mesnevî, V, 2095 başlık vd/ 2101 başlık vd*)
Böylece âhirette, şefâat hakkının peygamberlere veriliş nedeninin dünyada iken yalanlanmaları dolayısıyla, onların ırzlarının rencide edilmesi

201 Şemseddin Yeşil, ***Füyûzat***, Ş. Yeşil Kitabevi, İstanbul:2009, 5. Basım, c. 1, s. 274

yüzünden, onlara havale edileceğini belirtmiş oluyor. Ancak bu şefâatin de yine Allah'ın izniyle olacağı belirtiliyor."[202]

Fakirin düşüncesine göre, Peygamber, ahlâk-ı Muhammedî ile örnek olarak, bizde güzel ahlâka meyil yaratır. Bir süre sonra güzel ahlâk hâl haline geçmeye başlar. Ve bu ahlâk insanı günahlardan temizleyerek insanı Allah'a yaklaştırır, dolayısıyla da bize şefâat eder. Hz. Peygamber, buna örnek olması sebebiyle şefâati sağlamış olur. "*Hz. Osman, 70.000 kişiye şefâat etti*" hadîsinin arkasındaki mânâ da, Hz. Osman'ın edebini hâl eden insanın aynı şekilde Allah'a yaklaşması ile alâkalıdır.

202 Dr. Hüseyin Güllüce, ***Kur'an Tefsîri Açısından Mesnevî***, Ötüken Neşriyat, İstanbul, 1999, s. 266-267

ŞEFÂAT

"Kıyâmet gününde şefâat edecek üç sınıf insan vardır: Alim, hâdim, yani insanlara hizmet eden kişi ve haline sabreden fakir."[203]

"Ona ve soyuna esenlik, Mustafa, '*Velîler, benim vârislerimdir; kıyâmet günü şefâatçidir onlar*' diye haber vermiştir: İnsanlara onlar şefâat ederler. Toplumun içindeki şeyh, ümmeti içindeki peygambere benzer buyrulmuştur.
(...)
Mahşer günü, herkesin yaptığının karşılığı verileceği gün, orada ondan başka kimse Hakk'ı tanıyamaz.
Muhammed gibi o da şefâatçi olur, âsîleri, o yardan, o belden kurtarır.
O gün herkesin elini tutar, ateşte yanıp tütmelerini revâ görmez.
Herkesi cehennemden kurtarır; nimetler sarayına götürüp oturtur.
Muhtaçlar, onun yüzünden zengin olurlar; hepsi gök gibi yücelir.
Ateştir onlar, ama hepsi de nur olur; şeytanlardır ama, hûrinin bile gıpta edeceği hâle dönerler.
Bu sözüm, anlayabileceğiniz kadardır; yoksa onun halini açsam, açıklasam,
Cihan halkına neler bağışladığını söylesem, dile getirsem, dinleyen çileden çıkar, deli–dîvâne olur.
O, herkesi kendi gibi yüceltir, nefiy 'Lâ' sından alır, 'İllâ' ya ulaştırır.
Hepsi de mutlak hâkim kesilir; hepsinin de hükmü, Hak gibi yürür.
Hasılı anlaşıldı ki asıl olan gözdür; halkın işi onunla yürür–gider.
Kimin kılavuzu göz olursa, odur cihanda beğenilmiş olan.
Ne mutlu onun eteğine yapışana, aşkla onun öğüdünü kabul edene;

---

203 Ahmed er-Rifâî, ***Mârifet Yolu***, haz. H. Kamil Yılmaz, Erkam Yayınları, İstanbul: 1995, s.103

Ona candan uyana; bir soluk bile onunla geçen vakti iki âleme de vermeyene;
Boyuna canla–gönülle ona gözleyene; böylece de her solukta onun bağışlarına erene.
Ona heves etmek, hevesleri öldürür; can kuşu, bu hevesle kafesleri kırar.
Böyle kişi, 'Lâ' hançeriyle ağyârın başlarını keser, perdesiz–örtüsüz 'illâ' ya yol alır.
Her heves, sana perdedir; onu yırtmadıkça nereden kurtaracaksın başını?
Dünya saltanatını, tacını–tahtını, Edhem gibi terket de âhiret saltanatına yüz tut."[204]

"Hâkim ne yapar? Suçlu veya suçsuz hakkında hüküm verir. Bu hükümler tabiî şâhitlere istinâdendir. Hiçbir hâkimin şâhitsiz hüküm verdiği görülmemiştir. İşte o iki şâhit, hâkimin iki gözü gibidir, hakîkati onlarla görerek hükmünü verir.
Böylece bir cihetten şâhitler hâkime hâkim değil mi? Şâhitler söylemese hâkim hüküm edebilir mi?
İşte nasıl ki şâhit hâkime karşı göz vazifesini görüyorsa, insân-ı kâmil de Allah'a karşı gözbebeği hükmündedir ve şâhittir. O görüyor, biliyor ve ona göre Allah'tan diliyor. O dünyada iken şâh-ı hakîkî ile aşk-bazlık etmiştir. İşte bu hüner, her hünerin fevkindedir. İşte şâhit olan o göz yarın ef'âlimize, a'mâlimize, ahvâlimize, şefâat ve şahâdet edecektir.
Asıl mühim olan bizim a'mâlimizdir. Hâkim o âmâli şâhidin görmesine göre hükmediyor ve o şâhidin şahâdeti de hâkimin hükmüne tesir ediyor. Göz, büyük şeydir, onlar Hakk'a yalvarıyor: Ey ulu şah bizi senden mahrum etme, bu sana yakışmaz. Sen seni görenden utanırsın, çekinirsin, biz ki senin cemiyetine, vuslatına nâil olmuşuz ve '*Ve hüve maaküm eyne mâ küntüm*' (*Hadîd, 4*) sırrına mazhar olmuşuz. Bize firak ve elem verme... Bizi affet, diyor ve şâhın affına mazhar oluyorlar."[205]

204 Sultan Veled, ***İbtidâ-Nâme***, s. 363, 365 başlık, beyit 8199-8217
205 Sâmiha Ayverdi- Safiye Erol- Nezihe Araz- Sofi Huri, ***Ken'an Rifâî ve Yirminci Asrın Işığında Müslümanlık***, Kubbealtı Neşriyatı, İstanbul 2003, 5. Baskı, s. 504

"Âlim ol, allâme ol, ne olursan ol, elinde pasaport yani geçiş tezkeresi olmadan seni bir memleketten bir memlekete sokmazlar. Hatta resmî veya husûsî büyük bir ziyafete, davetiye tezkeresi olmadan girebilir misin? Ancak kapıda, o davet sahibinin bir dostunu, bir yakınını görürsen seni içeri alırlar. İşte şefâatin mânâsı budur."[206]

"Şimdi bu misali enfüse (*nefislere*) tatbik edelim : Âhiret günü gelince, cennete girmek için melekler de senden kalb-i selîm mührünü isterler. Ne kadar büyük adam olursan ol, elinde o mühür bulunmadıkça geri döner, giremezsin. Halbuki o kapıya tâbi olanların sözleri ve şefâatleri makbuldür. Eğer içerde olanlardan biri şefâat eder de, geçsin derse geçebilirsin."[207]

"Resûlullah Efendimiz : Yarın âhirette ben ağlayıcı göz bırakmam. Şefâatim, sâlihler için değil günahkârlar içindir, buyurur."[208]

"'Ruh ve meleklerin kaim olduğu gün..' (Nebe', 38)
Âyet-i kerîme, meleklerin bu makam (Makam-ı Mahmud'un âhirette kurulacak olan ikinci makamı) önünde duruşlarını anlatır.
İş bu makamda hatip ayağa kalkar. Melekler de sağ tarafta el bağlar dururlar.
İş bu makamda hatip, bizzat Resûlullah Efendimiz'dir.
Hutbesinin açış konuşmasını ümmetine şefâat için yapar ve:
'Ümmetim... Ümmetim...' der, buna cevap olarak:
'Rahmetim... Rahmetim...' müjdesi gelir."[209]

"'Sonra yaklaştı.. tutundu..' (Necm, 8) (...)

206 Ken'an Rifâî, ***Sohbetler***, s. 418-419
207 Ken'an Rifâî, ***a.g.e.***, s. 41
208 Ken'an Rifâî, ***a.g.e.***, s. 598
209 Muhyiddîn-i Arabî, ***Şeceretü'l Kevn***, Alperen Yayınları, Ankara 2005, s.118

Resûlullah, O'na dilemekte yakın oldu. Rabba yakın oldu ve alâka gördü. Şefâat dileği ile yakın oldu ve şefâat talebine Rabbı, icabet ederek yakın oldu."[210]

"Allah, şefâat kapısını açmasıyla kıyâmet gününde Hz. Peygamber'in diğer insanlar üzerindeki efendiliğini tespit etmiştir. Kıyâmet günü şefâat, sadece Hz. Peygamber'e ait olacaktır. Hz. Peygamber, diğer peygamber ve nebîlerin şefâat etmeleri için de şefâat edecektir. Evet! O, melekler için de şefâat edecektir. Böylece Allah, onun şefâati vesilesiyle melek, resûl, nebî ve mümin gibi şefâat hakkı olan herkese şefâat izni verecektir.

Şu halde Hz. Peygamber, Allah'ın izni ile ilk olarak şefâat eden kimse, merhametlilerin en merhametlisi ise kıyâmet günü son şefâat eden olacaktır. er-Rahîm ismi hiçbir hayır işlemeyenleri ateşten çıkartması için el-Muntakim ismi nezdinde şefâat eder ve böylelikle el-Mun'im, el-Mufaddil onları ateşten çıkarır. Sonu merhametlilerin en merhametlisi olana dönen bir daireden daha büyük hangi şeref vardır? Dairenin sonu başına bitişmiştir. Yetkinliği nedeniyle sonunun başına bitiştiği bir durumda, bu dairenin başlangıcı olan Hz.Muhammed'in şerefinden daha büyük bir şeref tasavvur edilebilir mi? Allah bütün şeyleri onun vesilesiyle yaratmaya başlamış ve onunla tamamlamıştır. Şefâati merhametlilerin en merhametlisinin şefâatini takip ettiğinde, mümin ne kadar şereflidir! Bu durumda mümin, Allah ve peygamberler arasında bulunur."[211]

---

210 Muhyiddîn-i Arabî, ***Şeceretü'l Kevn***, Alperen Yayınları, Ankara 2005, s. 146
211 İbn Arabî, ***Fütuhât-ı Mekkiyye***, c. 1, s. 418

ya'lemu mâ beyne eydîhim ve mâ halfehum
O, kulların önlerinde ve arkalarında ne varsa hepsini bilir.

"Allah yukarıların aşağıların, önlerindekini ve arkalarındakini, geçmişlerini, geleceklerini bildiklerini ve bilmediklerini bilir, O'nun ilminden gizli hiçbir şey yoktur."[212]

"O, ilm-i huzûrîsi ile '*Onların önlerinde ve arkalarında olanı bilir*'. Ezelen ve ebeden bilir."[213]

"'*Aliymdir*" bilir, öncelerini de bilir, sonralarını da. Böyle iken onları ve durumlarını mı bilmeyecek? Yani O'nun ilmi bütün zamanları, şahısları ve tüm halleri kapsar. Dolayısıyla kimin şefâati hakkettiğini, kimin buna müstehak olmadığını bilir."[214]

"Yani kendilerinden önce dünya ile ilgili şeyleri bildiği gibi, kendilerinden sonraki âhiret işlerini de bilir. Bir başka yoruma göre '*önlerindeki*'nden maksat daha önce işlemiş oldukları hayır ve şerdir. '*Arkalarındaki şeylerden*' maksat ise, bundan sonra yapacakları şeylerdir. Bu sözden maksat da, Allah'ın şefâat edecek olanlarla şefâat olunacakların sevap ve ikabı hak etmeleri açısından durumlarını kesin bildiğini göstermek içindir."[215]

"Allah; ilm-i huzûrîyle herkesin önlerindekini ve arkalarındakini, içlerindekini ve dışlarındakini, işlediklerini, işleyeceklerini bilir. O öyle bir Hâlık'tır ki, O'nun ilminden gizli bir şey yoktur."[216]

---

212 Elmalılı M. Hamdi Yazır, ***Hak Dini Kur'an Dili***, s. 170
213 Abdülkâdir Geylânî, ***Geylânî Tefsiri***, s. 238
214 Muhyiddin İbn Arabî, ***Tefsir-i Kebir Te'vilât***, s. 153
215 İsmail Hakkı Bursevî, ***Muhtasar Rûhu'l-Beyân Tefsîri***, c. 1,s. 443
216 Şemseddin Yeşil, ***Füyûzat***, Ş. Yeşil Kitabevi, İstanbul:2009, 5. Basım, c. 1, s. 275

el-Alîm

"Âlim: İlim sahibi olan (*kimse*), bilici, bilen.

Alîm: Çok bilen bilici. İlmi ezelî ve ebedî olan mânâsında esmâ-i hüsnâdandır.

Allâm: Her şeyi bilen, âlim-i kül. Yalnız Allah için kullanılır."[217]

"Hakk'ın isimlerinden maksat, sade sözde kalmış isim demek değil, Cenâb-ı Hakk'ın bir sıfatı ile zuhûru demektir. Alîm demek, müsemmâsiyle yani isimlendirdiği şeyle beraber Alîm ismi demektir ki, buna, ismin, bir nevî kalıba girmesi denebilir."[218]

"el-İlm *(Bilgi):* Bilen için meydana gelen bir hakîkat. (...)

el-İlm bi-hasebi't-taayyüni'l-evvel *(İlk taayyüne ve ilk mertebeye göre ilim):* Birliğinin nispetlerini içerdiği halde, Zât'ın kendisine zuhûru. Bu mertebede ilim, tek bilinene ilişir ve tek meful alır, çünkü, bu mertebede sadece zâtını bilmiştir.

el-İlm bi-hasebi't-taayyüni's-sânî *(İkinci taayyün ve ikinci mertebeye göre ilim):* Zâtın şe'nleriyle ve onların mazharları yönünden kendisine zuhûru. Bu mazharlar, 'sıfatlar' ve 'hakîkatler' diye isimlendirilirler. Zât'ın kendisine bu şe'nler vasıtasıyla zuhûru, ikinci mertebede gerçekleşir. Böylece ilim, ikilik özelliğiyle nitelenmiş ikinci mertebeye göre, ayrışmış ve farklılaşmış mâlumlara ilişir. Böylelikle ilim, iki meful alır: Çünkü Hak bu durumda kendisi için hayat sahibi, ilim sahibi, kudret sahibi, kelâm sahibi, varlık sahibi, adâlet sahibi olarak zuhur etmiştir ve bu da ikinci mertebede gerçekleşmiştir.

---

217 İlhan Ayverdi, ***Misalli Büyük Türkçe Sözlük***, Kubbealtı Neşriyatı, İstanbul 2005, c. 1, s. 107-113

218 Ken'an Rifâî, ***Sohbetler***, s. 275

Bu durumda ilim, ikinci mertebe ve orada bilinenlerin hükmüne göre, gerçek çokluk ve bilinenlerin bütünlüğünden kaynaklanan göreceli birlik sahibidir.

İlmu'ş-şerîa *(Şerîat ilmi):* Bedenin fiillerini, sözleri ve bunların gereklerini yetkinleştirmek, biçimlerini güzelleştirmekle ilgili ilim.

Örnek olarak namaz, oruç, zekât, hac ve zikir türlerini ve tilâveti verebiliriz; bunlar, cismânî sülûk ve beden amelleriyle ilişkili ibâdetlerdir.

İlmu't-tarîka *(Tarîkat ilmi):* Nefsânî-ruhânî işleri, rûhânî seyir ile ilgili tevbe, vera', züht, muhasebe, murakabe, tevekkül, rızâ, teslim vb. huyları itidale kavuşturmak ve nefsin âfetlerini bilmek gibi fiilleri kemâle erdirmekle ilgili ilim.

İlmu'l-hakîka *(Hakîkat ilmi):* Hakk'ı ve O'nun güzel isim ve sıfatlarını bilmek.

İlmu'l-yakîn *(Yakîn ilmi):* Delilden meydana gelen ilim.

el-İlmu'l-irfânî *(İrfan ilmi):* Arınmış bedenlerin temiz sırlarında saf riyâzet suyuyla yetişen ilim. Bu ilim, dürüst nefisler ve yüksek himmet sahipleri için, lüzumsuz işlerden arındırılmış vakitlerde ve ayık kulaklarda ortaya çıkar.

el-İlmü'l-ledünnî *(Ledünnî ilim):* Kulun çaba ve gayreti bulunmaksızın meydana gelen ilim. Bu ilme 'ledünnî' denmesinin nedeni, bizim çabamızla değil, Rabbimizin katından gelmiş olmasıdır. Allah şöyle buyurmuştur: *'Kendi katımızdan ona bir ilim öğrettik.'*

İmam Gazâlî, bu ilmi açıklamak için müstakil bir kitap yazmış ve onu İlmü'l-Ledün diye isimlendirmiştir. Gazâlî, söz konusu eserinde bu ilmin nasıl gerçekleştiğini ve insanın çabasının bu ilimde etkisinin olmadığını belirtmiştir. Hz. Ali'nin şöyle söylediği rivâyet edilir: 'Bana bir oturak hazırlarsanız, Tevrat ehli arasında Tevrat; İncil ehli arasında İncil ile hüküm verir ve 'Bismillahi'deki 'B' harfi hakkında yetmiş deve yükü açıklama yapardım.'

Ebû Hamid Gazâlî şöyle demiştir: 'Açıktır ki, Ali'nin (*r.a*) burada işaret ettiği ilim, insanın öğretmesinden değil, Allah katından alınmış ilimdir.'

Şeyhimiz Alaüddevle Simnanî'den şunu gördük ki: O, akşam namazını kılar ve mihrabında oturur, Besmele'deki 'B' harfinin tefsiriyle ilgili yazılması aylarca sürecek bilgiler akşam ile yatsı arasında kendisine açılırdı. Bu gibi olayları gören takipçiler, Hz. Ali'nin zikrettiği şeyi anlarlar, çünkü o, Hz. Peygamber'in '*Ben ilmin şehri, Ali kapısıdır.*' hadîsiyle tanıklık ettiği gibi, böyle bir şeye daha lâyıktır.

Ledünnî ilim ve sır kaynaklı mârifetlerden birisi de, Hz. Peygamber'in şu hadîsiyle işaret ettiği ilimdir: '*Ebû Bekir cennette çok oruç tuttuğu veya namaz kıldığı için değil, gönlündeki bir şey sebebiyle sizleri geçer.*'

(...)

el-İlmu'z-zevkî *(Zevk ilmi):* Rivâyet yoluyla veya delilden hareket ederek değil, müşâhede ve görmek yoluyla kul için gerçekleşen ilim.

el-İlmu'l-mu'tî li'n-niam ve li'l-azâbi'l-elîm *(Nimet ve azap veren ilim)*: Kader sırını bilmek. Çünkü o, bilene tam rahatlık kazandırdığı gibi, şiddetli üzüntü de verebilir. Binâenaleyh kader sırrını bilmek, daha önce belirttiğimiz gibi, ayn-ı sâbitesine muttali kılınmışların dışındakiler için, iki zıt duruma yol açan ilimdir.

(...)

el-İlmu'l-hakîkî *(Gerçek ilim):* Hakk'ın bütün sıfatlara sahip olması. Bununla beraber bu sıfatlar Hakk'a izâfe edilmeleri açısından yetkin niteliklerdir."[219]

> Buna göre ilim ezelîdir. Ancak ortaya çıktığında ona ilim denir ki, bu da gayretle olur.

"el-Alîm, malûmlarının çokluğunu el-Alîm, kendisinin birliğini bilen; el-Allâm ise, gaybı bilen demektir. Bilinmelidir ki:

İlim, bilenin zâtıyla gerçekleşen özel bir taaluktur. İlim, bilenin zâtından bilinene dönük bir nispettir. Buna göre ilim, mâlûmdan daha sonradır, çünkü ilim, tabidir; bununla birlikte yaratma sözü nispet, mevcuddan

219 Abdürrezzak Kâşânî, ***Tasavvuf Sözlüğü***, s. 397-400

öncedir ve söz ilimden sonradır. Bu ilim, gaybî-mücmel ilimdir; burada kastedilen ilim, hıbra (*tecrübeyle bilmek*) demektir.

Keşif ehli, akılcıların aksine, ilmin mâlûma tesirinin olmadığını kabul ederler, nitekim imkânsızı bilmek, ne bilenin zâtından ve ne de ilminden imkânsızda bir tesire neden olmaz; aksine imkânsız, bilene kendisinin imkânsız olduğunun bilgisini verir.

Var olan şeylerin yaratılması, ilimden değil, şerîat ve keşfe göre kavilden; şerîat ve akla göre ise kudretten meydana gelmiştir. Binâenaleyh, ilmin bilinenin zuhur etmesine veya etmemesine ilişmesi eşittir. Çünkü ilmin ilişmesi, zuhûru esnasında mevcûdun zuhur edişine olduğu gibi, zuhûrundan önce de o şeyin zuhur etmeyişine ilişmektedir. *(Allah'ın insana lütfettiği ilim, o kişiyi belirleyen bilgidir. Yani ilim, yaratılmışın bilinmesine sebep olduğu gibi bilinmeden önce o varlıkta vardır.*[220]*)*

İlim, ya zâtîdir, ki zâtî ilim, Hakk'ın (*c.c*) ilmidir; ya da verilmiştir. Verilmiş ilim, akla gelmeyen ya da çalışmanın katkısının bulunmadığı ilimdir.

(Demek ki kulda Allah'ın onu ezelden belirlediği ismi olduğu gibi, sonradan verilmiş ve onu özel kılan ikinci bir ilim de olabilir ki bu Hızır'ın ilmidir. Peygamberler bile o ilimden faydalanmaktadır.[221]*)*

Mevhûb ilim, efradın ilmidir ve Hak dilediği kullarına bu ilmi tahsis eder. Nitekim Hızır (*a.s*), Allah katından bir rahmet olarak bu ilme tahsis edilmiştir, öyle ki, yüceliğine rağmen Hz. Kelim (:*Mûsâ a.s*) bile, Hz. Hızır'dan faydalanmaktaydı.

Bu ilmin elde edilme yolu, vech-i hası (*özel yön*) bilmek ve onunla bezenmektir. Şöyle ki: Yaratılış âlemindeki her varlığın Yaratan'ına dönük özel bir vechi vardır. Hak, ona tecellî eder ve böylelikle mevcut, başkasının bilemediği Hakk'a dair bir bilgiyi elde eder. Mevcûdun, Hakk'a dönük özel yönü olduğunu ve bu yönden bir bilgi edinebileceğini bilip bilmemesi eşittir.

220 Derleyenin Notu
221 Derleyenin Notu

Velîlerin derecelerinin farklılıkları ve birbirlerine karşı üstünlükleri, bu özel yöne dair bilgilerine göre değişir.

Emir âleminden olan ulvî varlıklar ise, vech-i hasın dışında başka bir şeye sahip değillerdir, söz konusu varlıklar, Kuds mertebelerinin sakinleridir. Bu nedenle onlar, Hakk'ın cemâlinde ve büyüklüğünde kendilerini kaybetmiş kimselerdir.

Bu nedenle şu ileri sürülmüştür: Ulvîlerin sûflîlere iltifatı olmaz.

İlmin başka bir türü ise, müktesep ilimdir. Bu, uygulama ve öğrenme ile meydana gelen ilimdir.

Bu mertebeye giren kimse, çeşitli durumlarda olabilir: Bu bağlamda, kişi, ya takvâ yolundan ilmi tatmıştır veya fikir kuvveti yönünden nazar sahibidir.

Zevk sahibi, Allah'ı bilen demektir ve çeşitli makamları vardır:

Bu kişi bazen bir ilme tahsis edilmiş olabilir ki, bu ilmin konusu, âlemin Allah'a bir nispetidir; ya da öyle bir ilmi vardır ki, ilminin konusu Hakk'ın âleme bir nispetidir; ya da öyle bir ilimi vardır ki, bunda âlem ile Zat arasındaki nispetler ortadan kalkmış, bu nispet, âlem ile isimler arasında sabittir; ya da bu ilim, âlem ile Zat arasındaki nispetin varlığını gerektirir. Buna örnek olarak, illet ve mâlul görüşünü verebiliriz. Ya da bu ilim, sûretin bilgisidir, bu sûret, büyük insanın/âlem üzerinde yaratılmış olduğu sûrettir; ya da bu ilim, küçük insanın üzerinde yaratılmış olduğu sûretin bilgisidir.

Binâenaleyh, ilimler çoktur ve her ilmin bir ehli vardır.

İlim mertebesine tefekkür ve nazar gücü ile giren kimse, aklının tavrının gerektirdiği ölçüde bu mertebeden bir şeyler öğrenir.

Takvâ yolundan 'zevk' olarak bu mertebeye giren kimse ise, her şeyi aşmış ve her şeyi elde etmiştir."[222]

"el-Alîm, el-Alim ve el-Allâm, Allah Sübhanehu ve Teâlâ'nın isimlerindendir. Allah Teâlâ'nın isimleri hakkında nassa dayanmak muteberdir.

---

222 Sadreddin Konevî, ***Esmâ-i Hüsnâ Şerhi***, ter. Ekrem Demirli, İz Yayıncılık, İstanbul, 2004, 2. Baskı, s. 80-82

Bundan dolayı Allah Teâlâ ancak kitap ve sünnette vârid olan isimlerle isimlendirilebilir. Allah Teâlâ'nın isimlerinin tevkifiliği konusunda ümmetin icmaı gerçekleşmiştir. Bundan dolayı Allah Teâlâ ârif, fatîn ve akîl olarak isimlendirilemez.

Allah Teâlâ'nın hükmünün cereyan etmesi halinde ve O'nun takdir etmiş olduğu şeylerden dolayı nefsin tedbir almasından sükûnet içinde olması Allah Teâlâ'nın ilmiyle yetinmesi edeptendir. Bundan dolayı mancınıktan fırlatıldıktan sonra havada iken Cebrâil (*a.s*) İbrahim el-Halil'e karışmamış ve ona şöyle demiştir:

'İhtiyacın var mı?'

Hazreti İbrahim (*a.s*) de cevaben:

'Sana ise hayır', buyurmuştur.

Hazreti Cebrâil (*a.s*) ona:

'Allah Teâlâ'dan iste', deyince Halil (*a.s*):

'Hâlimi bilen Zat benim isteğim hususunda yeterlidir', cevabını vermiştir.

Hikaye olunur ki:

Bir adam âriflerden birisine:

'Kul rızkını talep eder mi?' diye sorunca ârif cevaben:

'Nerede olduğunu biliyorsa istesin', dedi.

O adam:

'Allah Teâlâ'dan rızkını ister mi?' diye sorunca ârif:

'Nispetini biliyorsa onu hatırlasın', cevabını vermiştir.

Allah Sübhanehu ve Teâlâ'nın sinelerdeki mesafelere düşünceye gelen vesveselere varıncaya kadar her şeyi bildiğini bilen birisinin, Allah Teâlâ'dan istihyâ etmesi, O'na isyan etmekten sakınması, örtmesinin güzelliğinden bıkmaması, hükümranlığının aniden gelmesinden korkması ve mekrinin aniden gerçekleşmesinden çekinmesi edeptendir.

Allah Teâlâ *'Allah'ın râzı olmadığı sözü gece kurarlarken, onu, insanlardan gizliyorlar da kendileriyle beraber olan Allah'tan gizlemiyorlar.'(Nisâ, 108)* buyurmaktadır.

Bazı semâvî kitaplarda şöyle geçmektedir: 'Eğer Benim sizi gördüğümü bilmiyorsanız îmanlarınızda eksiklik bulunmaktadır. Sizi gördüğümü biliyorsanız Beni size bakıcıların en gevşek davrananı kılmayınız.'
Ayrıca istenilmesine gereksinim duyulan şeylerde O'nun ilmiyle yetinerek mahlûkata başvurmamak da edeptendir. Kalbini mahlûka mesken tutan bir kişi, eğer Allah Teâlâ katında kadri bulunan bir kişiyse, hemen cezâlandırılır.
Büyüklerden birisinden hikaye olunduğuna göre şöyle demiştir:
Ben aç idim. Tanıdıklarımdan birisine:
'Ben açım. Niçin bir şeyler vermeyerek beni doyurmuyorsun?' dedim.
Bir müddet geçti yolda bırakılmış bir dirhem buldum ve bu bir dirhemi kaldırdım. Bir de baktım ki üzerinde 'Allah Teâlâ senin açlığını bilmiyor mu ki, sen O'ndan başkasından istekte bulundun.' cümlesi yazılı.
Hikaye olunur ki:
Ebû Said el Harraz şöyle demiştir: 'Aç olduğum bir halde çölden yolculuğa başladım. Kûfe'ye vardım. Cerari denilen bir dostum vardı. Kûfe'ye vardığımda beni ağırlıyordu. Dükkanına vardım. Onun orada olmadığını gördüm. Dönüşünü gözetlemek için dükkanının yakınındaki mescide vardım. 'Bismillâhirrahmânirrahîm, elhamdü lillahi Rabbi'l-Âlemin. Ve selâmun aleyna ve âlâ ibadilllahi'l mütevekkilin' dedim. Onu beklemek için oturdum. Bir kişi mescide girdi ve şöyle dedi: 'Hamd âlemlerin Rabbinedir. Yeryüzünü mütevekkiller yönünden tenha kılan Allah Teâlâ ne kadar da yücedir. Bizim üzerimize ve bütün yalancıların üzerine selâm olsun. Ey tevekkül iddiasında bulunan Ebû Said! Tevekkül sahralarda çöl ve kırlarda olur. Evinde oturup fayda beklemekle olmaz.'
Ebû Said der ki: 'Dönüp baktım, aradım hiçbir kimseyi göremedim.'
Allah Sübhanehu ve Teâlâ'nın seçkin kullarına karşı uygulamış olduğu sünneti bu şekildedir. Allah Teâlâ onlara bir düşüncede dahi kolaylık göstermez. Bir an dahi olsun onların hatâlarını affetmez. Onların hem küçük hem de büyük günahlarını sorguya çeker. Basit, küçük ve önemsiz şeylerde dahi hesaba çeker. Derecesi küçük, rütbesi az olanlara ge-

lince ise onları aldanmalarıyla baş başa bırakarak mühlet verir. Onlar gafletleri içinde yaşayıp giderler: Tâ ki ansızın onlar hissetmez bir halde oldukları durumda Allah Teâlâ'nın mekri onları alır."[223]

"Alim mâlûmatın cümlesini bilen anlamındadır.

'Alim, (alîm, âlim, allâme) şeklinde tecellî eder. Birincisinin ilmi zâtîdir. İkincisinin ilmi vehbîdir (*hediyedir, lütuftur*). Üçüncüsü ise müktesep (*gayretle kazanılmış*) ilimdir.

Zâtî ilim ile âlim olan ancak Allah'tır. Vehbî ilim, Hakk'ın tâlim ettiği ilimdir (*Hızır aleyhisselâmın ilmi gibi*). İlmi müktesep de insanların çalışma ve gayretleriyle, meşakkatle tahsil ettikleri ilimdir.

Cenâb-ı Hak mevcuda tecellî ederse, ona bilmediği ilmi öğretir. Bazı ehlullaha zâtî ilim cihetinden tecellî eder. Bazılarına, ilâhî esmânın hakîkatine vakıf olmakla tecellî eder. Bazılarının sıfatı mânevîsinde binlerce ilime vakıf olmayla tecellî eder.'

Âlim (*bilgin*) kelimesinin mânâsı, lugatte âriften daha üstün ve daha mânâlıdır. Çünkü Tanrı'ya âlim denilir. Fakat ârif demek câiz değildir. Ârif'in mânâsı, bilmezken sonradan öğrenmiş kimse, demektir ve bu da Tanrı hakkında söylenmemelidir. Fakat örf ve âdet bakımından kullanılışa göre mânâsı çoktur. Çünkü ârif, örf ve âdet gereğince, âlemi, delilsiz olarak, gözü ile görmüş ve muayene etmiştir. İşte örfte ârif böyle olan kimseye derler. Âlim'in yüz zâhidden iyi olduğunu söylerler. Âlim yüz zahidden nasıl iyi olabilir? Nihayet bu zâhid de ilimle zâhid olmuştur. İlimsiz zühd mümkün olmaz.

Zühd nedir? Dünyadan yüz çevirmek, tâat ve âhirete teveccüh etmektir. Bunun için, onun dünyayı, dünyanın çirkinliklerine, sebatsızlığını ve âhiretin güzelliklerini, sebatlı, bâkî oluşunu bilmesi gerekir. Mesela: Nasıl edeyim ve ne gibi bir tâatte bulunayım? diye çalışması ve cehd göstermesi hep ilimdir. Öyleyse ilimsiz zühd olamaz. Bu itibarla o zâ-

223 Abdülkerîm Kuşeyrî, ***Şerh-i Esmâillahi'l Hüsnâ, O'nun Güzel İsimleri***, İlk Harf Yayınevi, İstanbul 2011, s. 75-78

hid, hem âlim hem de zâhiddir. Ve bu, bir âlim yüz zâhidden iyidir, sözü gerçektir.

Bu, yukarıda adı geçen ilim ve zühdden başka bir ilim daha vardır ki o, Tanrı'nın zâtına mahsus olan ilimdir. İşte bu ikinci ilim o zühd ve ilmin bir semeresidir. İkinci bir ilme de sahip olan böyle bir âlim, yüz zâhidden değil, yüzbin zâhidden daha üstün olur. Tanrı bunu dilediğine verir. Bu şunun gibidir: Mesela bir adam bir ağaç dikse, ağaç meyva verse, bu meyva veren bir tek ağaç, meyva vermeyen yüz ağaçtan daha iyidir. Çünkü belki diğer ağaçlar meyva veremezler. Vermelerine engel olan birçok âfetler olabilir. Kâbe'ye ulaşmış bir hacı, henüz, çölde ulaşmak için dolaşan ve erişip erişemeyeceğinden şüpheli olan hacılardan daha iyidir. Yalnız o (*Kâbe'ye ulaşan*) hacı hakîkate ermiştir. Bir hakîkat ise yüz şüpheden evlâdır. (...)

Bil ki ilmin nevi'leri çoktur. En üstünü, öğrenmek isteyen kimseyi Allah'a yaklaştıran ilimdir. Bu ilim de çok çeşitlidir. Sâlik için en iyisi, en faydalı olanından, yolunda kendisine azık olacak kadar almaktır. Bunu okuyarak, dinleyerek öğrenir. Bundan sonra sâlih amel ile, nefis ve hevâ mücâdelesiyle en yüksek gayeye yönelmelidir ki, bu verâset ilmidir. Çünkü Peygamber Aleyhisselâm: '*Bir kimse bildiğiyle amel ederse Allah onu bilmediğinin ilmine vâris kılar.*' Ve: '*Kim kırk sabah hâlisane ibâdet ederse kalbinden diline hikmet pınarları fışkırır.*' buyurmuşlardır. Bu ilim peygamberlerin ve velîlerin ilmidir. Çünkü nebîler ve velîler okuyup öğrenme (*diraset*) ilmiyle değil, verâset ilmiyle yani amel ve mücâhede neticesinde elde edilen ilimle peygamberliğe veya velîliğe ermişlerdir. Bu ilim, kulun kalbine Allah korkusunu sokar. Kul, bu ilim sayesinde Allah'ın nûruyla işitir, görür, konuşur ve yürür. Allah Teâlâ şöyle buyurmuştur: '*Kulum bana nâfilelerle yaklaşır, o kadar ki onu severim. Ben onu seversem, onun kulağı, gözü... olurum.*'" [224]

"Allah Teâlâ kendisi hakkında *'Allah Sana daha önce bilmediğin şeyleri öğretti.'* (*Nisâ, 113*) ve Muhammed (*s.a.s*) Efendimiz hakkında da *'O*

224 Cemâlnur Sargut, ***Bakara 2***, Nefes Yayınları, İstanbul 2009 , s. 391-394

size daha önce bilmediğiniz şeyleri öğretir.' (*Bakara, 151*) buyurmuştur. Şu halde Allah ilim ve i'lâm özelliklerinden kendisini neyle nitelemişse bunun aynı ile Muhammed'i (*s.a.s*) de nitelemiştir."[225]

"O, kuşatıcı ilim sıfatı ile de muttasıftır. Bunun delili kendisinin *'Bunun üzerine öncekilerin ve sonrakilerin ilmini öğrendim.'* sözüdür. Öncekilerin ve sonrakilerin bilgisi âlemin tamamının bilgisidir. Bu ise O'nun, öncekileri ve sonrakileri, dünyevî olanları ve uhrevîleri olanlarıyla bütün mahlûkatı bildiğine delildir. Allah'ı bilmesinin deliline gelince bu Hz. Peygamber'den (*s.a.s*) nakledilen ve ümmetinden olan kâmillere söylediği *'Ben sizin Allah'ı en iyi bileninizim ve O'ndan en çok korkanınızım.'* sözüdür."[226]

"İlim, mâlum ve alim, bu üçü
Aslında birdir üçünün de hükmü

Eğer dilersen üçünün hükmü de benzerdir de
Bunu tespit eder onları müşâhede eden bir kimse

Gaybın sahibi onların tümünü bir görür
Yücelikte onun üzerinde daha yüksek yoktur.

Allah seni desteklesin! Bil ki ilim, herhangi bir iş olarak, herhangi bir şekilde, o iş kendi içinde ne ise o şekliyle, kalbin tahsilidir; bu iş ister mâdum (*yok*) olsun ister mevcut (*var*) olsun! O halde ilim, kalpten tahsil etmeyi gerektiren sıfattır. Alim kalbin kendisidir. Mâlum ise, tahsil edilen o iştir, ilmin hakîkatinin tasavvur edilmesi gerçekten çok zordur. Âlimin üç türlü ilmi vardır.

1-Zâhir ehline öğrettiği ilm-i zâhirîsi.
2-Ehlinden başkasına öğretmediği ilm-i bâtınî.
3-Allah ile ilim sahibi arasında sır olan ilim ki, bu da onun îman hakîkatidir.

225 Abdülkerîm Cîlî, ***Hakîkat-i Muhammediyye***, s. 218
226 Abdülkerîm Cîlî, ***a.g.e.***, s. 253

Ne zâhir ehline ne de bâtın ehline söylemez.

Bilinecek şeylerden, mâlûmattan herhangi bir şeyi bilen birine 'âlim' adı verilir. 'Alîm' ya da 'allâm' adı verilmez. Bu son iki isim, o kimsenin ilmi pek çok bilgiye ve mâlûmata taalluk ederse, ancak o zaman ona bu adlar verilir.

İlim; külliyatlara taalluk eder. Mârifet ise cüziyatlara.

İşte bu farka binâen Allah'a 'Alîm' denir. 'Ârif' denilmesi câiz değildir. Kişinin ârif-i billâh olması; ilim ile Allah'ı bilmesine bağlıdır. Âlim olması da mahlûkata rahmet ile muamele etmesiyle gerçekleşir.

Cenâb-ı Hakk'ın bir ismi Alîm'dir. Yani âşikâr olan ve kalplerde gizli bulunan amelleri ve sırları bilicidir. İlâhî ilim, âlem zerrelerinin cümlesine sârîdir. Hakk'a ayrı, eşyaya dahi yine ayrı vücut vererek, Allah, âlem zerrelerinin gizli ve âşikâr, zâhir ve bâtın hareket, gidiş ve halini ilmen bilir demek imkânsızdır. Çünkü iki ayrı vücut arasında bir oluşun ilmen gerçekleşmesi mümkün değildir. Ahmed'in başı ağrısa, Ömer'in bundan haberi olmaz. Çünkü Ahmed'in ilmi, yani bilgisi, bedeninden öteye geçemez. Esasen ilâhî kelimeler olan her bir zerrenin başlı başına olması ve yek diğerinin sırrını hâvî bulunması, vücut birliğine işarettir. (....) Anlaşılıyor ki her cisim, kendi madde ve sırlarını içinde toplamış yekpare bir cevherdir ki bu cevhere ilâhî kelimeler denir.

Cîlî, Peygamber'de tecellî eden alîm ilmini şöyle tarif eder; Allah Teâlâ kendisi hakkında '*Allah sana daha önce bilmediğin şeyleri öğretti*' (*Nisâ, 113*) ve Muhammed (*s.a.s*) Efendimiz hakkında da '*O size daha önce bilmediğiniz şeyleri öğretir.*' (*Bakara, 151*) buyurmuştur. Şu halde Allah ilim ve i'lâm özelliklerinden kendisini neyle nitelemişse bunun aynı ile Muhammed'i (*s.a.s*) de nitelemiştir. Alîm yalnız Allah'a dendiğine göre Allah kendi Alîm ismini, Kur'ân-ı Kerîm'de başkasına öğreten yahut o ilmi cüzde âşikâr eden olarak tarif ettiğine göre ve peygamber için de aynı âyet tecellî ettiğine göre peygamber ve vârislerinden Allah, Alîm ismi ile tecellî eder."[227]

---

227 Cemâlnur Sargut, ***Bakara 3-İnsân-ı Kâmil'in Hakîkati***, Nefes Yayınları, İstanbul 2012 s. 106-108

"İlmin ve eşyanın mâlûmluğunun ikisi birden Hakk'a nispet edilirse, Hakk'a (*Allâm*) denilir."[228]

"'*Âlimler, nebîlerin vârisleridirler.*' (*Hadis*). Bu sözde âlimlerden maksat, velîlerdir, âşıklardır ki, bunların ilmi kendiliğinden bilinmiştir. Sonradan toplanıp düzene konulmamıştır. İlim onların sıfatıdır. Nur güneşin, hararet ateşin, tatlılık şekerin sıfatı olduğu gibi. İlim, onların yüreklerinden pınardan su akar gibi akar. Nitekim Peygamber '*Her kim, kırk sabah Tanrı'ya ihlâs ile kulluk ederse, onun yüreğinden hikmet pınarları diline doğru akar.*' (*Hadis*), buyurmuştur. Bütün peygamberlerin ilmi, aydınlatacağımız şekilde bu cinstendir. Peygamber, ümmî idi; yazı yazmasını bilmezdi, O'nun ilmi, kendiliğinden bitme ve yetişme idi, kitap vesaire ile kazanılmış değildi. Ümmînin iki mânâsı vardır: Bir ümmî vardır ki onun okuması, yazması yoktur. Halkın büyük bir kısmı, ümmîden bunu anlar; fakat muhakkiklerin yanında ümmî, herkesin el ve kalemle yazdığını, kalemsiz ve âletsiz yazan kimsedir. Peygamber'e: 'Ey Muhammed! Sen ümmî ve yetimdin. Seni mektebe gönderecek, okutup yazdıracak annen, baban yoktu. Bu kadar ilim ve irfan nerden öğrendin? Tâ yaratılışın başlangıcından başlayarak, cennet bağının birer birer ağaçlarını tavsif ettin. Cehennem zindanının birer birer köşelerini, bucaklarını saydın anlattın. Âlemin yıkılacağı bir zamana kadar, iyiliği, kötülüğü ve bütün olacak şeyleri bildirdin, bunları kimden öğrendin?' diye kendisinden sordukları zaman O da karşılık olarak:
'Benim terbiyecim ve öğretmenim Tanrı idi; O bana öğretti. Benim bu ilimleri, Tanrı'dan öğrenmemiş olsaydım; yüz, belki bin yılda öğrenemezdim. Faraza halktan öğrenmiş olsaydım, o öğreneceğim ilim taklidî olurdu; içten gelme bir ilim olmazdı. İlmin sûreti olurdu; ilmin hakîkati ve ilmin rûhu olmazdı. dedi."[229]

"Şu gelip geçen dünya, orada hiçbir sır meydana çıkmasın diye perdedir çünkü.

---

228 Abdü'l-kerîm b. İbrahim el-Cîlî, ***İnsân-ı Kâmil***, c. 1, s. 243
229 Sultan Veled, ***Maârif***, s. 140-141

İnsanlardan güzel de gizli kalır, çirkin de ;İkisinin de gönlünü Tanrı bilir.
Perde arkasında adâlet sahibi kimdir, zulmeden kim, Tanrı'dan başkası bilemez bunu.
Çünkü herkese, her şeye gücü-kuvveti yeten O'dur ; herkesi perdesiz gören O'dur.
Yahut da gerçeği gören, sırları görmek yolu-yordamı olan gönül ehli görür.
Tanrı, onu sırlarına mahrem etmiştir ; nurlar nimetiyle onu beslemiş, yetiştirmiştir."[230]

230 Sultan Veled, ***İbtidâ-Nâme***, s. 242 beyit 5264-5269

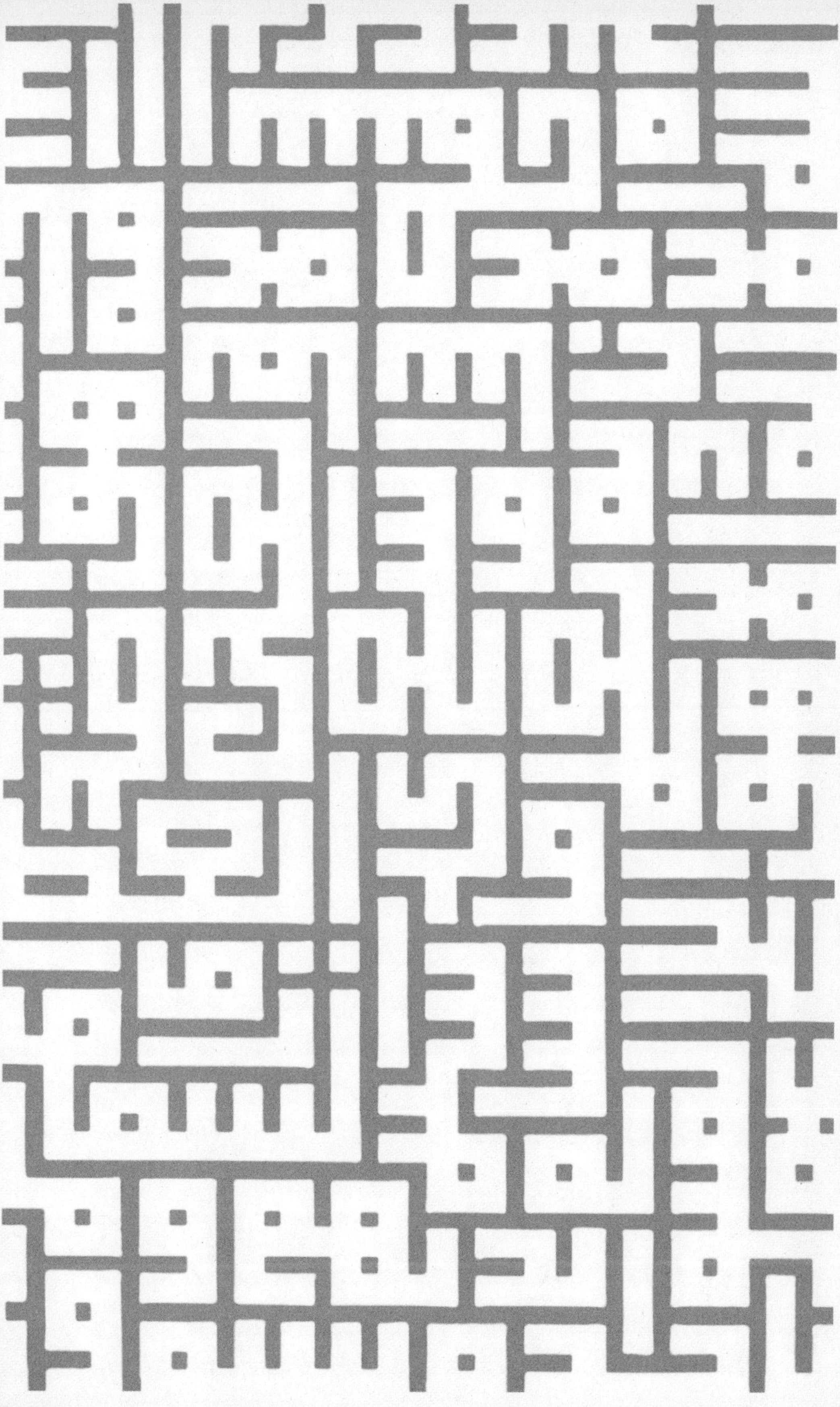

ve lâ yuhîtûne bi şey'in min ilmihî illâ bi mâ şâe
Onlar ise, O'nun dilediği kadarından başka ilminden hiçbir şey kavrayamazlar.

"'*Onun ilminden onun dilediği kadarından başka hiçbir şey kavrayamazlar.'* İnsanlar, onun ilm-i huzûrîsinden, onun irade ve isteğinin taalluk ettiği kadarından başka hiçbir şey bilmezler. Bu sebeple muhakkik ârifler buradan şunu kavrarlar. Âlem, Cenâb-ı Hakk'ın zâtının mazharlarından başka bir şey değildir, onun isimlerinin, sıfatlarının ve eserlerinin gölgeleridir. O halde, hakîkatte mevcud odur ve hakîkî vücud da odur. Hayy ve Kayyûm (*var olan ve var eden*) odur, Rakîb'dir (*gözetleyen*), muhafızdır. Onun muhafazası, dünyada ve âhirette zâhiren ve bâtınen zuhur eden her şey için geçerlidir. O, Alîm'dir (her şeyi bilendir), açıktan veya gizli olarak zuhur eden her şeyin gereğini bizâtihî takdir edendir (*el-Müdebbir*). Onun tedbiri/takdiri, zâhir olan ve bâtın olan her şeyin iyiliğinedir/faydasınadır. Mazharlarında sâdır olan ilim ve idrakler onun ilm-i huzûrîsidir. O halde âlem için sadece gölge bir münasebetten, yansımadan veya mazhar olmadan başka bir şey söz konusu değildir."[231]

"'*O'nun bildirdiklerinin dışında insanlar O'nun ilminden hiçbir şeyi tam olarak bilemezler.*' İnsanlar, O'nun iradesinin bilmelerini gerektirdiği kadarını bilirler. Dolayısıyla her ilim sahibinin ilmi, O'nun ilminden bir parçadır ki bu bilende zuhur etmiştir. Nitekim melekler şöyle demişlerdir *'Senin bize öğrettiklerinden başka bir bilgimiz yoktur.'* (*Bakara, 32*)"[232]

---

231 Abdülkâdir Geylânî, ***Geylânî Tefsiri***, s. 238
232 Muhyiddin İbn Arabî, ***Tefsir-i Kebir Te'vilât***, C. 1, s. 153

Melekler, peygamberler ve başkaları, O'nun bilgisinden hiçbir şeyi anlayıp idrak edemezler. Ancak Allah'ın bilinmesini dilediği ve muttali olmalarını istediği kadarını bilebilir, kavrayabilirler. Mesela peygamberlerin verdiği haberler böyledir. Allah gaybına hiçbir kimseyi muttali kılmaz. Ancak peygamberlerinden râzı olduğu kimseleri buna muttali kılar ve haberdar eder."[233]

Bütün mevcûdat O'nun ilminden ancak O'nun dilediği kadarını kavrayabilirler. O'nun azamet-i Sübhânîsi, saltanat-ı ilmîsi karşısında akıl durur. O saltanatın tecellîgâhı olan Kürsü'sü bütün semâvat ve arzı, âlem-i esmâ ve sıfatı, âlem-i tabiatı, gaybı, şuhûdu; geniş geniş birbiri içine alır, semâvat ve arzda hiçbir şey yok ki bu Kürsü'nün ihâtası haricinde olsun!"[234]

"'O her şeyi bilendir.'(En'âm 101)
Allah'ın bizzat kendisi, kendi sıfatlarının tecellîlerinden ortaya çıkmış olan her şeyi en iyi şekilde bilendir. Hiçbir şey O'ndan gizlenemez."[235]

"'O her şeyi hakkıyla bilendir...' İlmi akılları, nefisleri ve başka şeyleri ihâta eder, tıpkı varlığı her şeyi ihâta ettiği gibi. Her şey, O'nun tarafından ihâta edilmiştir. Hiçbir şey O'nun ilmini ihâta edemez. Ancak O'nun ilmiyle bilinir, ancak O'nun varlığıyla var olunur. Hiçbir şey O'na benzemez. Çünkü varlıklar kendi nefisleri itibariyle yokturlar. Yok olan bir şey mutlak varlığa nasıl benzesin?"[236]

"'O, evvel'dir, âhir'dir, zâhir'dir, bâtın'dır. O her şeyi bilendir (Aliym).'(-Hadîd, 3)
Çünkü her şeyin mahiyetinin aynı mâlûmatının sûretlerinden biridir. Bütün eşyanın sûreti Levh-i mahfuzdadır. O bu sûretlerle birlikte levhi

233 İsmail Hakkı Bursevî, ***Muhtasar Rûhu'l-Beyân Tefsîri,*** Damla Yayınevi, İstanbul 2010, c. 1,s. 443
234 Şemseddin Yeşil, ***Füyûzat***, Ş. Yeşil Kitabevi, İstanbul:2009, 5. Basım, c. 1, s. 275
235 Abdülkâdir Geylânî, ***Geylânî Tefsiri*****, c. 2**, s. 56
236 Muhyiddin İbn Arabî, ***Tefsir-i Kebir Te'vilât*****, c.1**, s. 372

bilir. Bu sûretlerle nakşedilmiş levhin mahiyetinin aynı olarak bilir yani O'nu bilmesi zâtını bilmesinin aynıdır."[237]

"'*O ilktir, sonuncudur, görünendir, görünmeyendir ve O her şeyi bilendir.*' (*Hadîd, 3*). Her şeyin ezelîsidir, ilk var olan O'dur. Hak olmanın gereği olarak ebedîyen devam edecek olan da O'dur. Görünenlerde O vardır, görünmeyenlerde de O vardır. Yani görünen ve görünmeyen her şeyi O yaratmıştır. Ey ibret almasını bilen ve gören kişi, iyice bak bakalım, geriye Allah'tan başka birinin varlığı kaldı mı? Allah'tan başkasının bir izi ve bir şâhidi var mı? Allah'ın bizzat kendisi, kendi sayesinde var olan her şeyi, kendi varlığının nûrunun parıltılarının yansımaları olan her şeyi en iyi bilendir. Hiçbir şey onun bilgisinin dışında kesinlikle kalamaz."[238]

"'*Allah, her şeyi hakkıyla bilendir.'(Hucurât, 16)*
Hasılı, her şeyi kuşatan yüce Allah vücudun ihâtasına giren, her şeyi hakkıyla bilendir. Üzerine vücud şimşeğinin parıldadığı hiçbir şey O'nun sonsuz ilminden uzakta olamaz."[239]

"İlim, varlığa tâbidir. Başka bir ifadeyle, her nerede varlık var ise, ilim de hiçbir şekilde kendisinden ayrılmaksızın onunla beraber vardır."[240]

Alîm-Mâlûm İlişkisi

"Hakk'ın şeyleri kâmil olarak bilmesinin sebebi, onları kendi nefsinde bilmesi ve onların çokluk ve farklılıklarını kendi birliğinde silmesidir. Çünkü herhangi bir şeyin herhangi bir şeydeki varlığı, sadece ve sadece taayyün ve zuhur ettiği şeye bağlıdır; söz konusu mahal mânevî olabileceği gibi, sûrî de olabilir.

---

237 Muhyiddin İbn Arabî, ***a.g.e.*, c. 2**, s. 1259
238 Abdülkâdir Geylânî, ***a.g.e.*, c. 6**, s. 7
239 Abdülkâdir Geylânî, ***a.g.e.*, c. 5**, s. 375
240 Sadreddin Konevî, ***Vahdet-i Vücut ve Esasları***, çev. Ekrem Demirli, İz Yayıncılık, İstanbul 2004, s. 18

Bunun için Hak kendisini kendisi ile, eşyayı da kendisinde kendisinin bilmesinin bilgisiyle bilmiştir deriz.

İlâhî haberler Allah'ın var olduğunu ve kendisi ile beraber başka bir şeyin bulunmadığını haber verdiği için, gerçek-görünmez mahalleri olan birliğe göre eşyanın farklılığı ortadan kalkmış, birlik cihetinden Hakk'ın evvelliği sabit olmuştur.

Daha sonra bilinen eşyanın çokluğunun –ki bu, daha önce birlikte gizli idi- farklılaşması ve bu çokluk ile bilfiil birliği birleştirmekle başta birlikte gizli olan kemâl zuhur etmiştir. Böylelikle bu zuhur sayesinde gerçek amaç olan celâ ve isticlânın kapısı açılmıştır.

Böylece birliğin hükümleri çoklukta, çokluğun hükümleri de birlikte zuhur etmiş; birbirinden farklılaşmış çoğalmış şeyler arasında müşterek ölçü olduğu için birlik, çokluğu birleştirmiş; daha önce de belirttiğimiz üzere bizzat çokluğu birleştirdiği için onun ayrılığını da kavuşturmuştur.

Buna karşın çokluk da, taayyünleri cihetinden Bir'i çoğaltmışlardır. Bu taayyünler, Bir'in renkler, kisveler ve farklı niteliklerle zuhur etmesinin sebepleridir; bu farklı nitelikleri, çokluğun kendilerine ulaşan tek tecellîyi kabul eden istîdatlarının farklılığı gerektirmiştir.

Bunun neticesinde ise zuhûrun çeşitlerinin ve bunların gerektirdiği hükümlerin bilgisi yenilenmiştir. Bu hükümler, bunların birbirlerine dışta ve içte, ulvî ve süflî, zamanlı ve zamansız, münasip ve münasebetsiz olarak tesirinden ibarettir; bu tesirin neticesi gerçekleşir veya gerçekleşmeyebilir.

Bütün bunlar daha önce zikrettiğimiz gibi, hepsini kapsayan birlik özelliğindeki varlığın tecellîsi ile aralarında gerçekleşen ittisal sayesinde mümkün olmuştur."[241]

"Zâtına özgü mutlaklığı açısından Hakk'a dair herhangi bir hüküm vermek veya bir nitelik ile O'nu bilmek; veya birlik, varlığının vâcipliği

241 Sadreddin Konevî, ***Vahdet-i Vücut ve Esasları***, çev. Ekrem Demirli, İz Yayıncılık, İstanbul 2004, s. 57-59

veya (*:varlık için*) mebde olması; veya yaratmayı gerektirme veya kendisinden herhangi bir eserin sâdır olması; veya ilminin kendisine veya başkasına ilişmesi gibi herhangi bir nispetin O'na izafe edilmesi, sahih ve geçerli değildir. Çünkü, bütün bunlar, belirlenme ve sınırlanma hükmü verirler.

Kuşkusuz herhangi bir taayyünün düşünülmesi, Hak için lâ-taayyünün ortadan kalkması demektir."[242]

"Hak mutlaklığı ve ihâtası itibariyle hiçbir isimle isimlendirilemez ve hiçbir hüküm kendisine izafe edilemez ve hiçbir vasıf ve resim ile nitelenemez. (*bir şeyi gerektirmek anlamındaki*) İktizânın O'na nispet edilmesi edilmemesinden daha üstün değildir.
Çünkü ister olumlu isterse de olumsuz anlamda olsun düşünülen herhangi bir ikitizâ, belirli bir hüküm ve sınırlayıcı bir niteliktir."[243]

"Yüce Tanrı, insanı yaratınca ona, kendisini tanıyacak bir kabiliyet verdi, kendi sonsuz sıfatlarının her birinden birazcığını da ihsan etti; bu cüz'î sıfatlarla o çok ve sonsuz sıfatları tanımasını anlamasını sağladı.
(...)
'Onlara bilgiden ancak birazı verildi' buyurur; maksadı yalnız bilgi değildir. Bilgiden azıcık verdiğim gibi bu sıfatlardan da az az verdim; bu azdan o sonsuzluk bilinsin diye demektir bu."[244]

"Kur'an'da '*Azı verildi*' dedi; çünkü az katre gibi denizi anlatır.
Bilgisinin haddi yoktur; anlaşılsın diye onun pek azını, tadımlık verdim demektir bu.
O azla beni bilin, anlayasınız diye bunu söyledim demektir.
(...)
Sen Tanrı sıfatlarını da böyle, kulda da mevcut bil; sahifeyi tersten okuma.

---

242 Sadreddin Konevî, ***a.g.e.***, s. 9
243 Sadreddin Konevî, ***a.g.e.***, s. 14
244 Sultan Veled, ***İbtidâ-Nâme***, s. 9-10 başlık

Bu yüzdendir ki Hak, '*Âdem'i, bizim sûretimizde yarattık*' dedi.
(...)
Gönlün varsa, gönlünü Hakk'a ver ; çünkü sana O'ndan yardım gelir."[245]

"Ulu Tanrı kerem sahibidir; halkı, onu tanımaları, bilmeleri, görmeleri için yarattı; ama zâtını göstermemesi, nekesliğinden değil, kereminden, lütfundandır çünkü halk, güneşin ışığına dayanamaz ; güneş perdesiz olarak yüz gösterse hepsi de hemencecik yanar. Bundan dolayı da ışığını, ondan faydalanmaları, güçlenmeleri için vasıtayla ve yavaş yavaş gösterir. Nitekim ana da, kendisinde süt olması, ekmeği, eti, süt halinde vermesi için yemek yer, ekmek yer. Ekmeği, eti olduğu gibi çocuğun ağzına verip onu doyurmaya kalksa çocuk, hemencecik ölüverir. Hani, insan da hamam ve sıcak su vasıtasıyla ateşten tat alır ; ama ateşin içine giriverse yanar gider. Ateşe atılmak için semender kuşu olmak gerek; bu güce sahip olansa, ancak Tanrı velîsidir."[246]

245 Sultan Veled, ***İbtidâ-Nâme***, s. 11 beyit 145-147,159,170
246 Sultan Veled, ***a.g.e.***, s. 179 başlık

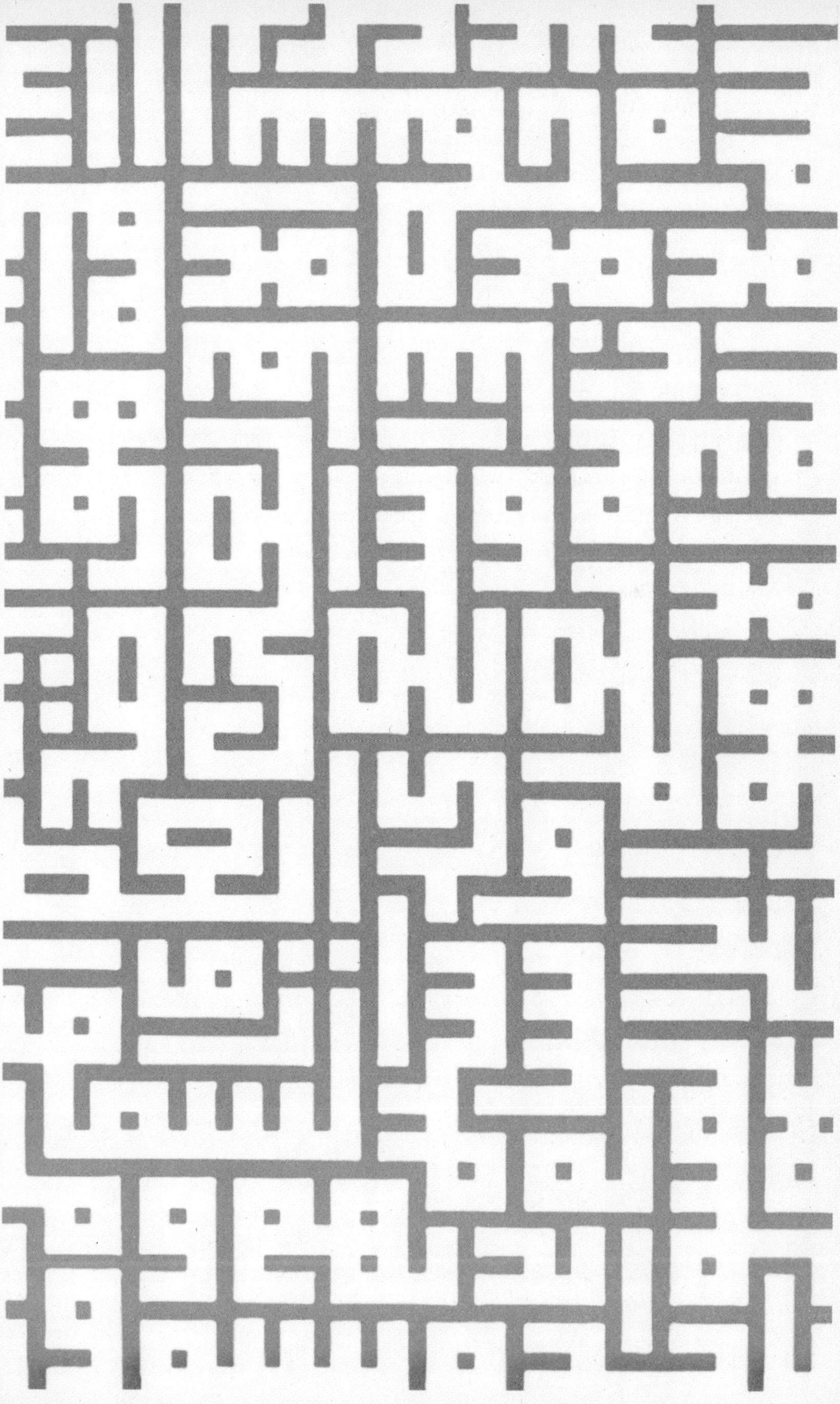

vesia kursiyyuhus semâvâti vel ard
O'nun Kürsî'si, bütün gökleri ve yeri kucaklamıştır.

"Allah öyle bir ilim ve saltanat sahibidir ki, hükmünün tecellî yeri olan kürsüsü bütün gökleri ve yeri geniş geniş tutmuştur. Yerlerde ve göklerdeki bütün varlıklar ve cisimler içinden, dışından hep bu kürsü ile kuşatılmıştır. Her birinin kıyâmı (*ayakta durması*) onun içindedir. Bu arada hiçbir nokta bulunmaz ki, orada yüce Allah'ın kürsüsünün hükmü geçerli olmasın. Yeryüzünün içinden çıkamayan insanlar onun yerleri, gökleri kuşatmış kürsüsünü nasıl kavrarlar. '*Onlar Allah'ı, gereği ve lâyıkı biçimde takdir etmediler. Halbuki kıyâmet günü bütün yeryüzü O'nun tasarrufundadır. Gökler O'nun kudretiyle dürülmüş olacaktır. O müşriklerin ortak koşmalarından yüce ve münezzehtir*'. (*Zümer, 67*) Gökler ve yeryüzü denince, hapsedilmiş birisi gibi bunlarla her taraftan kuşatılmış olan insanlar madde ve kuvvetin, duygunun, hayalin, kuruntunun, aklın, tasavvurun, hükmün ve bütün itibarî belirlemelerin içinden son sınırına dayanır."[247]

"'*Çünkü, Onun kürsüsü gökleri ve yeri kuşatmıştır.*' Cenâb-ı Hakk'ın tecellîgâhları ve mazharları gökleri ve yeryüzünü kuşatmıştır."[248]

"'*O'nun kürsüsü semâları ve arzı içine alır.*' Yani O'nun ilmi. Çünkü, kürsü, ilmin mekânı olan kalptir. Nitekim Bâyezîd-i Bestâmî (*r.a*) şöyle demiştir: 'Ârifin kalbi o kadar geniştir ki, bütün âlem içindekilerle birlikte bir milyon kere bir köşesine girse, yine de bunu fark etmez.' Bu yüzden el-Hasan: 'Allah'ın kürsüsü arşıdır' demiştir. el-Hasan, Hz. Resûlullah'ın (*s.a.s*) '*Müminin kalbi Allah'ın arşıdır.*' hadîsinden hare-

247 Elmalılı M. Hamdi Yazır, ***Hak Dini Kur'an Dili,*** s. 172
248 Abdülkâdir Geylânî, ***Geylânî Tefsiri***, **c. 1**, s. 238

ketle bu sonuca varmıştır. Sözlükte kürsü, oturanın makadını taşmayacak şekilde küçük arş, oturak demektir. Kalp de mânevî büyüklüğü ve genişliği itibariyle bir tasvir ve tahyil tarzında arşa benzetilmiştir. Ulu ve en büyük arş ise, ilk ruhtur. Göklerin ve yerin sûretleri ve misalleri ise en büyük felek olan sekizinci feleğin şâhid âlemindedir ki, yedi göğü içindekilerle birlikte kuşatmıştır."[249]

"İşte '*Allahu lâ ilâhe illâ hüvel hayyul kayyûm*' hükümet-i Rabbâniyesinin saltanatının tecellîgâhı olan kürsî-i vahdet bunları ihâta etmiştir ve bunun nigâhbanlığı (*bekçilik, gözcülük*) da kendisine hiç ağır gelmez. Dikkat! Birçok kıtalara sahip olan hükümdar: 'Nasıl idare edeceğim, memaliki (*memleketleri*) nasıl muhafaza edeceğim, ne şekilde tedbirler alayım' diye endişe içinde yaşar. Cenâb-ı Hak, bu âyet-i Sübhâniyyesiyle azametini celâlini ve kemâlini ilan ediyor. Ve âciz insanlara tapanları ikaz ediyor: 'Allah olan, Mâbûdun-bil'hak olan; ne uyur, ne uyuklar, ne gaflet gelir, ne fütur gelir, ne âciz gelir, ne iradesinde, ne idaresinde endişe eder' buyuruyor. Ey muvahhid-i Muhammedî! Kendini anlamaya çalış. Sûret itibariyle sen sonra halkolunmuşsun, fakat mânâ itibariyle de sen evvel halkolmuşsun! Sûret itibariyle nüsha-i suğrasın (*küçük âlem*), mânâ itibariyle nüsha-i kübrâsın (*büyük âlem*). Âlemde halkolunan her şeyin numunesi sende mevcuttur. Arş'a misal senin kalbindir. Çünkü rûhun mahall-i istivâsıdır (*kapladığı yer*). Kürsî'ye misal: Hazreti insanın sırrıdır müminin kalbinin vüsati (*genişlik*) fikirlere hayret verir."[250]

Allahu Teâlâ'nın bu âlemde yarattığı feleklerin sayısı, on sekiz felektir ki bunlar sırasıyla şunlardır:

1) Arş-ı Muhit, 2) Kürsî, 3) Atlas, ki burası, sidre-i müntehâ feleğidir. 4) Felek-i Heyûlâ, 5) Hebâ, 6) Anâsır, 7) Tabai, 8) Mükevkep (Felekler feleği de denir.) 9) Müşteri, 10) Merih, 11) Şems, 12) Zühre, 13) Utarit, 14) Kamer, 15) Esîr (Ateş feleği) 16) Hava, 17) Su, 18) Toprak (...)

---

249 Muhyiddin İbn Arabî, ***Tefsir-i Kebir Te'vilât***, c. 1, s. 153-154
250 Şemseddin Yeşil, ***Füyûzat***, Ş. Yeşil Kitabevi, İstanbul:2009, 5. Basım, c. 1, s. 275

Hasılı felekler sayıya gelmeyecek kadar fazladırlar. Bu ahvâle delilimiz şu âyet-i kerîmenin mânâsı delil eyler. Bu âyet-i kerîme şudur: *'Her biri bir felekte yüzer.' (Enbiyâ, 33)*"[251]

Bütün bu anlatılardan çıkan netice Allah'ın Arş'ı Hz. Peygamber'in hakîkati (*nûr-i Muhammedî, Hakîkat-i Muhammedî*), Kürsî ise Hz. Peygamber'in mübârek varlığıdır. Onun için onun mânâsı bütün mânâların üzerinde, onun varlığı ise bütün varlıkların hakîkatidir.

251 Abdü'l-kerîm b. İbrahim el-Cîlî, ***İnsân-ı Kâmil*, c. 2**, s. 346-347

ARŞ

"Allah'ın kudret ve saltanatının tecellî ettiği, tahtının bulunduğu en yüksek gök katı. Taht maddî olarak düşünülemez, İslâmiyet'te Allah mekândan münezzehtir. Maksat Cenâb-ı Hakk'ın saltanatının tecellîsini ifadedir. Tasavvuf anlayışında insanın gönlü de arş yani tecellî yeridir."[252]

"Bir görüşe göre arş, âlemi saran şeydir. Diğer bir görüşe göre ise âlemin tamamıdır. O, emir ve yasakların îcad edildiği kaynaktır. Zikredilen bu mevcûdu, yaratılmışı bu yönden, yani yaratma ve ihâta yönünden (*ilk maddeye*) arşa benzer buldular. Birinci görüşün sahiplerine göre, nasıl ki arş âlemi çevreler, o dokuzuncu felektir ve bu halîfe de (*yani sonradan gelen arş da*) insânî âlemi kuşatır. O halde övgü sadedinde Hak Teâlâ'nın '*Rahmân Arş'a istivâ etti.*' (*Tâ-Hâ, 5*) sözüne dikkat etmez misin? Mahlûkat içinde bundan daha büyük bir şey olsaydı, bu övgü vâki olmazdı. Bazıları arşla alâkalı olarak 'Hak ve hakîkatin aynası' tâbirini kullanmıştır. Arşa bu mânâyı verenler, onu hakîkatlerin, ilâhî ilimlerin ve rabbânî hikmetlerin tecellî mahalli olarak gördüler. Bâtılın ona ulaşması mümkün değildir. Zîra bâtıl sırf ademdir (*yokluktan başka bir şey değildir*). Ademde tecellî ve keşf mümkün değildir. Bundan dolayı hak bütünüyle vücudda zâhir olan her şeydir. Böylece bizim kastettiğimiz şeyi açıklayan delillere karşı vâki olan şüphelerin ele alınması da etraflıca gerçekleştirilmiş bulunuyor.

Arş, mukayyed isimlerin eşit hale geldiği yerdir.

Hariçte (*dışta*) Muhammedî hakîkat olarak bulunan Akl-ı Evvel (*ilk akıl*) mevcûdatın en latifi, en yücesi, en mükemmelidir. Çünkü Hakk'ın

---

252 İlhan Ayverdi, ***Misalli Büyük Türkçe Sözlük***, Kubbealtı Neşriyatı, İstanbul 2005, c. 1, s. 170

vücud (*varlık*) aynasında vasıtasız olarak zuhur etmiştir. Aklın hakîkati Hakk'ın vücûdu üzerindeki perde gibidir. Ondan (*akıldan*) sonra Hakk'ın aynasına bakan herkes, sadece kevnî (*oluşa, yaratılışa ait*) perdelerin ilki olan aklın sûretini görür. *(Erkeğin yaratılışı.*[253]*)*
Sonra Allah sübûtî, küllî nefsin hakîkati için bir ayna yaratmış, akıl da, tıpkı O'nun akla perdesiz tecellî ettiği gibi nefse perdenin arkasından tecellî etmiştir. *(Dişinin hakîkati.* [254]*)* Ardından nefs kendisini aklın aynasında görmüştür. Nefsin hakîkati, aklın hakîkati üzerindeki hicap gibidir. Sonra Hak Teâlâ nefsin hakîkatini tabiata ayna kılmıştır.
Ardından tabiat, akıl ve nefs perdesinin yaratılmasından dolayı, O'nun ilminde sabit olan nefsin hakîkatine tecellî etmiş, böylece tabiat kendisini nefsin aynasında görmüştür. Tabiat nefsin üzerindeki perde gibi olunca, Hak bu perdenin arkasından hebânın *(içinde âlemdeki bütün sûretlerin, şekillerin meydana geldiği, fakat aslı itibariyle kendisi yok olan şey, madde, cevher.*[255]*)* hakîkatine tecellî etmiştir. Hebânın hakîkati de tabiat aynasında zuhur etmiştir. Bunun gibi cisim de hebânın aynasında zuhur eder. Şekil de cismin aynasındadır. Tabiat, hebâ, cisim ve şekilden ibâret olan bu dört unsurun toplamı arştır. Arş sadece nefs aynasında zuhur eden şeydir. Böylece arş, bu silsilenin tamamı olur.
Arş, tüm mümkün varlıkları çevreleyen küllî ruh; tüm hakîkatleri içine alan insân-ı kâmilin kalbi, cisimler âlemini kuşatan cisim ya da Hz. Peygamber'in en kapsayıcı olmasından dolayı –ki bütün hidâyet isimleri onunla kaimdir- ahadiyyet-i cem'i kuşatan büyük âlemin tamamından ibarettir. Zîra o tüm cemâlî ve celâlî isimlerin zuhur yeridir. Bundan dolayı O'nun şerîatı en mükemmel, en kuşatıcı, en geniş şerîattır. Zîra o şerîat, teşbih, tenzih, tasrih ve tenbihi bir araya toplamıştır."[256]

"Arş vücud mertebelerinden olup küllî cisimdir. Arş, âleme nispetle insanın kalıbı menzilesindedir. Cismâniyeti, rûhâniyeti, zâhiri ve bâtı-

253 Derleyenin Notu
254 Derleyenin Notu
255 Derleyenin Notu
256 ***Metinlerle Tasavvuf Terimleri Sözlüğü***, Kalem Yayınevi, İstanbul 2006, 1. Baskı, s. 123-125

nıyla insanı çevreler. Bu sebeple sûfîlerden bir kısmı onu 'küllî cisim' olarak isimlendirmiştir. Rûhun bedeni herhangi bir yerinde olmaksızın kuşatmış olması gibi.
Mevcûdun arşın vücûdu olması da böyledir. Cüzî ve küllî varlıklarıyla eşit olan bütün âlemi çevrelemiş bulunan mevcûdatta hareket etmiştir. İşte bu Rahmânî Nefs'tir, anlayan kimseler için hulûlsuz Rahmânî istivâdır. Rûhun sûreti gibi vücud (*varlık*) tümüyle Hakk'a aittir.(...)
Bil ki kalp, Allah'ın arşıdır. Âlemin tamamı Rahmân'ın arşıdır. İki arş arasında iki ismin arasında olan şeyler vardır.
Urûş (*arşlar*) iki türlüdür: En büyük arş ve en küçük arş. En büyük arşın bâtını sabit, zâhiri değişken, en küçük arşın ise zâhiri sabit, bâtını değişkendir.[257]

"Arş-ı kerîm, kademeynin (*iki ayağın yani Zât'a ait zıt hususiyetlerin*) konulduğu yer (*demek olan*) kürsîdir. Sonra Allah bunu başka bir feleğe çevirip kürsî olarak adlandırmıştır. O, yeryüzünde bir çölün ortasına atılmış bir halka gibi arşın ortasındadır. (*Allah*) bu iki felek arasında hebâ âlemini yaratmıştır. Bu kürsîyi müdebbir meleklerle imar etmiş ve Mikâil'i oraya oturtmuştur. Kademeyn ona rehberlik etmiştir.
Kelime arşta bir tanedir, çünkü o, terkip âleminin başıdır. Kürsîde ona iki nispet zuhur etmiştir. Çünkü o, kelimenin kısımlara ayrıldığı ikinci felektir."[258]

"O (*Yüce Kalem, İlk Akıl*) istivâ yönünden Arş'tır."[259]

"Allah bütün varlıkları ihâta eden kevn (*oluş*) dairesini yaratmıştır. Bu daire, en yüce serir olan Arş diye ifade edilmiştir."[260]

Kenan er-Rifâî, Hz. Peygamber'in rûhunun mahallinin Arş, ululazîm peygamberlerin ruhlarının mahallinin Kürsî, enbiyânın 7.

---

257 ***Metinlerle Tasavvuf Terimleri Sözlüğü, a.g.e.***, s. 125-126
258 ***Metinlerle Tasavvuf Terimleri Sözlüğü, a.g.e.***, s. 126
259 Suad el-Hakîm, ***İbnü'l-Arabî Sözlüğü***, s. 77
260 Suad el Hakîm, ***a.g.e.***, s. 78

kat, evliyânın 6. kat, âriflerin 5. kat, âbidlerin 4. kat, zâhidlerin 3. kat, müminlerin 2. kat, zındıkların aşağı kat, küffar ve bedbinlerin ise makamının anâsır olduğunu beyan eder. Peygamber'in vücudunun tüm varlıkların yaratılmasına sebep olduğunu bildirir.

KÜRSÎ

"Arşın altında bulunan, yeri ve gökleri kapsayan sekizinci felek (*Bakara Sûresi'nin 255. âyetinde geçen kelime Allah'ın azamet ve büyüklüğü, kudret ve hakimiyeti ve ilâhî ilim olarak da yorumlanmıştır.*). (...) Âyetü'l-Kürsî; 'Kürsî âyeti' diye anılan bu âyetteki kürsî Allah'ın bilgisi, tedbir ve tasarrufu olarak tefsir edilmiştir."[261]

"Vücûd (*varlık*) mertebelerinden biri de Kürsî'dir. Orası fiil seviyesindedir. Hadiste vârid olduğuna göre Hakk'ın ayakları Kürsî'den aşağı sarkmıştır. Ayaklarından biri yasak, diğeri ise emirden ibarettir. Kürsî senin bedeninde var olan nefs-i nâtıkandır *(insan rûhu* [262]*)* ki senden fiilî isimler ondan neş'et eder. Çünkü o, kendine münâsip olanın hâsıl olmasını, münâsip olmayanın ise giderilmesini ister. Bu küllî olanın gereklerine göre, bu gerekler de cüz'iyyet gereğince yasak ve emirden ibarettir."[263]

Görülüyor ki Arş'ta birlik, Kürsî'de ise farklılık vardır *(iki ayak).*

"Kürsî, cümle fiiliye sıfatların tecellîsinden ibarettir. İlâhî iktidarın zuhur yeridir. Emrin ve nehyin (*yasakların*) geçerli olduğu mahaldir.
Ve de; halka ait hakîkatlerin meydana çıkması bâbında; Hakk'a ait inceliklerin ilk teveccühü Hakk'ın iki kademi, onun üzerine salınmışçasına Kürsî'de olur. Zîra orası: İcad ve idam mahallidir. Tafsilin ve ibhamın (*gizli kapalı olanın*) menşeidir (*kaynağıdır*). Zararın ve faydanın merkezidir. Kezâ, farkın ve cem'in de olduğu gibi. Ayrıca; birbirine zıt gibi ge-

261 İlhan Ayverdi, ***Misalli Büyük Türkçe Sözlük***, Kubbealtı Neşriyatı, İstanbul 2005, c. 1, s. 1830
262 Derleyenin Notu
263 ***Metinlerle Tasavvuf Terimleri Sözlüğü***, s. 578

len sıfatların zuhur eserleri Kürsî'dedir. Hem de tafsil üzere. Bu varlığa gelip çıkan ilâhî emir, ondan gelir. Yani;

Kürsî: Kazânın fasıl yeridir.

Kalem: Takdir mahallidir.

Levh-i Mahfuz: Satıra getirilip yazışmanın mahallidir.

(...)

Şimdi sözü edilen âyet-i kerîmenin (*Bakara, 255*) ihtiva ettiği mânâ üzerinde biraz duralım.

Burada bir vüs'at (*genişlik, açılım, inşirah*) vardır ki bu vüs'at iki çeşittir:

1. Hükmî vüs'at
2. Vücuda bağlı aynî vüs'at

(....)

Hükmî Vüs'at: Yer ve semâların, fiiliye sıfatlarından bir sıfatın eseridir. Bu mânâda, Kürsî'nin durumu ise, bütün fiiliye sıfatlarının zuhur mahallidir. Ve de böylece, mânevî bir vüs'at hâsıl olmaktadır. Tabiî ki Kürsî yüzlerinden gelen her yüzde. Çünkü görünen yüz ondan gelir ve fiiliye sıfatlarından bir sıfat olur. *(Kulun fiili onun kürsîsinin zuhûrudur ve kişinin yüzünde tecellî eder. Bu tıpkı kıyâmette horoz şeklinde, pars şeklinde, yılan şeklinde kalkacağı bildirilen kişilere benzer. Aslında onların ilimleri yüzlerinde ortaya çıkmıştır. Daha doğrusu o kişileri gördüğümüzde yılandan korkarcasına ürpeririz.[264])*

Vücuda bağlı aynî Vüs'at: Bunun oluşu da vücûdun tamamıyla, yeri ve semâları, bunlara benzer diğer varlıkları kapsamına almış olması sayılır ki burada anlatılan vücud: Halka ait mukayyet (*kayıtlı*) vücuttur. *(Her insanın vücudu bir âlemdir ve dışarda ne varsa onu kapsar.[265])*

(...)

Kürsî'yi başta izah ederken: 'Emrin ve nehyin geçerli mahalli olduğunu ve fiiliye sıfatların mahalli olduğunu, ilâhî iktidarın zuhur yeri olduğunu..' beyan edip söyledik. Bu beyan edilenlerden murat; ancak mukayyed vücuttur.

264 Derleyenin Notu
265 Derleyenin Notu

Çünkü emri alan odur. Yani: Emrin kendisinde geçerli olduğunu anlatmak istiyorum.
Sözün özü; Tecellîgâh Kürsî'dir ve de zuhur yeri odur. Hasılı; Kürsî odur ki, yüce Hak iki kademini ona atmıştır. Helâk etme ve selâmete çıkarma işini orada halkeder. İcadını ve idamını onda halkeder. Orada verir, alır, yükseltir, düşürür, aziz eder, zelil eyler. Aziz, Celil olan Allah Sübhan'dır."[266]

"Kürsî, sırlarına bir kapıdır. Nurlarına da bir örtü.
(.....)
Yüce Peygamber'imizin zâhiri varlığına göre, Kürsî menzilesinde sîne vardır. Çünkü ilimlerin tahsilatı oradadır. Orası, kalp ve nefis kapısına açılan saha gibidir. Sonra, ondan iki kapı açılır. Biri nefse, öbürü de kalbe. Oradan dışa akanlar, iki şekilde gelir. Biri nefisten, öbürü de kalpten. Gelenler kalpten gelir ; hayır olur. Ya da nefisten şer olarak gelir. Ne gelirse gelsin ; hepsinin hasılat yeri sinedir."[267]

"Resûlullah'ın (*s.a.s*) Rabbinden rivâyet ettikleri bir hadiste Rabbimiz buyuruyorlar ki:
'Ne arzım, ne semâm Beni ihâta edemedi. Ancak takvâ sahibi, tertemiz ve vera' sahibi mümin kulumun kalbi Beni ihâta etti."
Ben, bütün isimlerimle ve küllî sıfatlarımla, sadece, kemâle izafe olunan mümin kulumun kalbinde tecellî ederim. Çünkü onun kemâle izafe olunması, tamamıyla Bana olan izâfetinden dolayıdır. İsimlerin iki tarafın biriyle o, taabbüd (*ibâdet, tapma*) yönüyle tertemiz ve pak biridir. Yine o, esmânın çokluğunun müşâhedesiyle pırıl pırıldır. Bunlar arasındaki imtiyaz ise kendilerine ait hususiyetlerledir."[268]

266 Abdü'l-kerîm b. İbrahim el-Cîlî, ***İnsân-ı Kâmil*, c. 2**, s. 23-25
267 Muhyiddîn-i Arabî, ***Şeceretü'l Kevn-Üstün İnsan***, çev. Abdülkâdir Akçiçek, Bahar Yayınları, İstanbul 2000, s. 68-69
268 Sadreddin Konevî, ***Tasavvufi Yorumlarıyla Kırk Hadis***, çev. Harun Ünal, Vahdet Yayınevi, İstanbul, tarihsiz, s. 82

"Yerlere göklere hatta Arş-ı ilâhîye sığmayan Allah, hayret edilecek şey değil midir ki: '*Ben ancak inanmışların gönlüne sığarım*,' buyurmuştur. Allah'ın inanmış gönüllerde zuhûru, tecellî yoluyladır ve tecellî biliyorsun, insanın Allah'ını kendi gönlünde hissedebilir hâle gelmesi demektir.

Yine Allah, Kur'ân-ı Kerîm'in Fecr Sûresi'nde :

'*Ey tatmin edilmiş olan ruh! Allah'ına dön!*

Seni hoşnut etmiş ve senin tarafından hoşnut edilmiş olan Allah'ına dön!

Kullarımın arasına gir! Cennetime gir!' buyurmuştur. Bu âyetlerin mânâsını istersen söyleyeyim ki şudur:

Allah'ın gönüllerde görünüş ve tecellîsi, Cennet'e girmenin şartı, önce Hakk'ın has kullarının, yani bir kâmil insanın gönlüne girmektir. İnsan bu sûretle nefse bağlı varlığını, Hakk'a bağlı yokluğa ulaştırır. Bu sûretle olgunlaşır ve özlediği cennet hayatını, daha bu dünyada iken görmeye ve tatmaya koyulur.

Şöyle düşün: Arş-ı ilâhî ki, büyüklüğü sonsuzdur, bir Allah ârifinin gönlünün büyüklüğü karşısında kendi küçüklüğünü ve yokluğunu duymaya başlar. Çünkü Allah'ı tanımış olan insanın gönlü, doğrudan doğruya o var ve bir olan Allah'ın zâtının deryâsıdır. Ve Arş olsun, Kürs olsun, levh olsun, kalem olsun her mefhum böyle bir kalbin sonsuz genişliği içinde görünmez olur.

Evet, ilâhî Arş'ın büyüklüğü meydandadır. Fakat bu görünen büyüklüğün, görünmeyen büyüklük olan mânâ yüceliği yanında ölçüsü nedir? Sen mânânın uçsuz bucaksız büyüklüğünü ve ilâhî kudretini işte bu idrakle anlayacaksın. Yine bu idrak, sana, o yüce mânâyı gönlüne sığdırmış olan o kâmil insanın değerini ve hikmetini söylemiş olacaktır."[269]

"Bil ki, cisim yoğun (*kesif*) bir cevher olup, bölünüp parçalanabilir. Halk âlemindendir. Hatta kendisi halk âlemidir. Cismin mânâsını anladıysan şimdi bil ki, Yüce Allah cisimlerin mertebelerini yaratmak isteyince o karanlık tortuya nazar etti. O karanlık tortu eriyip, kaynadı. Onun hulâsâsından Arş'ı, ondan kalanla Kürsü'yü, ondan kalanla yedinci

269 Ken'an Rifâî, **Şerhli Mesnevî-i Şerif**, s. 388-389

göğü, ondan kalanla altıncı göğü, ondan kalanla, beşince göğü, ondan kalanla dördüncü göğü, ondan kalanla üçüncü göğü, ondan kalanla ikinci göğü, ondan kalanla birinci göğü, ondan kalanla ateş unsurunu, ondan kalanla hava unsurunu, ondan kalanla su unsurunu, ondan kalanla toprak unsurunu yarattı. Mülk âleminin müfredatı tamamlandı. Böylece mülk ve melekût âlemlerinin müfredatı on dört mülk, on dört melekût olmak üzere yirmi sekiz oldu. Maden, nebat ve hayvan da üç oldu. Böylelikle alfabe harfleri yirmi sekiz oldu, İsim, fiil ve harf (*edat*) da üç oldu."[270]

"Bil ki Yüce Allah âlemde bir şey yaratmak dilerse, önce kendi ilminde olan şeyin sûreti Arş'a, Arş'tan Kürsü'ye gelir ve Kürsü'den de gezegenlerin nûruna asılır. O vakit yedi gökten geçerek, yıldızların nûruyla birleşerek süflî âleme gelir. Süflî âlemin padişahı olan tabiat, Hazreti Allah'tan gelen gayb misafirini karşılar. Dört erkândan oluşan binit, o gayb yolcusunun haline münasip olarak onun önüne gelir. Bu yolcu, şehâdet âleminde mevcut olmak için o binite biner. Şehâdet âleminde mevcut olunca, Allah'ın bildiği o şey Allah'ın yaptığı olur. O halde şehâdet âleminde mevcut olan her şeyin canı, emir âleminden; bedeni ise halk âlemindendir. Hazreti Allah'tan gelen bu temiz can, o iş için gelmiştir, İşini bitirince tekrar Hazreti Allah'a dönecektir. 'O'ndan başladı ve O'na döner.' İşte bu, Allah'ın fiillerinin beyânıdır. Allah'ın halîfesi bir şey yapmak veya meydana getirmek isterse, önce onun sûreti akılda oluşur, sonra akıldan arş olan nefsânî rûha, nefsânî ruhtan da kürsü olan hayvânî rûha gelir. Hayvânî ruhtan damarlara asılır. Yedi gök olan yedi iç organa geçer. İç organların kuvvetleriyle birlik olarak dışarı çıkar."[271]

Arş'ı daire gibi düşünürsek ki bölünmenin olmadığı en mükemmel varlıktır ve sadece rahmettir. Kürsî ise mânânın zuhûru olduğu için kısıtlanarak dörtgen şekline dönmüştür (*dört boyut*). Demek ki Kürsî'de bölünme, Arş'ta ise bütünlük vardır. Bu yüzden

---

270 Azizüddin Nesefî, ***Tasavvufta İnsan Meselesi İnsân-ı Kâmil***, çev. Mehmet Kanar, Dergâh Yayınları, İstanbul 1990, 1. Baskı, s. 36

271 Azizüddin Nesefî, ***a.g.e.***, s. 72

Kürsî rahmet ile karışık gazâba da tekabül eder. Bunun sebebi Allah'ın zıt isimlerinin ortaya çıkmak istemesidir, çünkü zıtlıkta gazap vardır. Buna en güzel örnek acı bir ilacı hastalığımızın düzelmesi için içmemizdir. Öyleyse Kürsî istivânın karar kıldığı yerdir.

ve lâ yeûduhu hıfzuhumâ

Onların her ikisini de[272] görüp gözetmek O'na ağırlık vermez.

"İnsanlar kendilerince, yerkürenin küçük bir parçası üzerinde bile bir devlet ve hükümet ele geçirip idare ve muhafaza etmenin ne kadar zor bir iş olduğunu ve asırlardan beri gelen nice nice devletlerin, milletlerin bu yüzden memleketlerini koruyamayarak yıkılıp gittiklerini görüp bildiklerinden nihayet tasavvur edemedikleri bu göklerin ve yerin bir kabza-i tasarrufta (*tasarruf avucunda*) vahdet kürsüsünden bir saltanat ile idare olunur bir memleket olduğunu düşündükleri zaman, 'koruması ne kadar zor ve ağırdır' gibi bir zanna düşebilirler. Fakat o ilâhî kürsü, bütün gökleri ve yeri tutmuş olmakla birlikte, bu gökleri ve yeri o vahdet kürsüsünden tasarruf avucunda tutup muhafaza etmek ve korumak Allah'a ağır da gelmez. O'nun için bu hiçbir şey değildir."[273]

"'*O ikisinin muhafazası ona zor gelmez.*' Her ne kadar esmâ gökleri ve tabiat yeryüzü sonsuz olsa, hatta bunlar kat kat olsa, binlerce veya sonsuz katlarda olsa da ona hiçbir ağırlık veremez. O halde zât-ı Ahadiyyet'ten yansıyan insan kalbinin vüsatına (*genişlik*) sahip olanların, Cenâb-ı Hakk'ın cânibine muhabbet ve şevk ile yönelenlerin, onun vecdi ve huzûrunun zevkini daima tadanların katında, öyle bir vüsat ve genişlik tahakkuk eder ki, kelimeler o durumu anlatmaya kâfi değildir."[274]

"'*Kendisine zor gelmez...*" Ağır gelmez O'na '*onları koruyup gözetmek.*' Çünkü onlar O olmadan var olamadıkları için onları taşımak da O'na ağır gelmez. Bilakis mânevî âlemin tamamı O'nun bâtını, sûret âlemi-

272 Arş ve Kürsî veya gök ile yer anlamında.
273 Elmalılı M. Hamdi Yazır, ***Hak Dini Kur'an Dili***, c.2, s. 157
274 Abdülkâdir Geylânî, ***Geylânî Tefsiri*, c. 1**,s. 238

nin tamamı da O'nun zâhiridir. Bâtının da zâhirin de O olmadan varlığı söz konusu olamaz ve O'ndan başkası da değildirler."[275]

"Allah için göklerin ve yerin ağırlığı diye bir şey olmaz. Ona göre yakın da, uzak da eşittir. Mademki tüm kâinat O'nun katında eşittir, öyleyse bir zerrenin yaratılması O'nu nasıl yorabilir? Bu hiç olacak iş mi? Çünkü, O'nun işi ve emri, bir şeyin olmasını dilediğinde, o şeye 'Ol' demesidir. O da hemen oluverir."[276]

"Rûh-i insânîye, semâvat ve arzın esrarını hıfzetmek (*korumak*) hiçbir vakit ağır gelmez. Seni bu âlem taşıdığı halde senin kalbinde bu âlem küçük bir mahalle gibi kalır. Kalb-i hazret-i insan (*Hazreti insanın kalbi*); ridâ-yı (*örtü*) Kibriyâ ile tezyin edilmiştir (*süslenmek*). Artık bu geniş aslın ve kalbin sahibi olan zât-ı mutlakın karşısında 'Lâ ilâhe illalah' demekten başka ne çare kalır!"[277]

Allah yarattığı şeyleri muhafaza eder yani korur. Bu gerek bütün mânâların hakîkati olan Arş'ı ve o mânânın zuhûru olan Kürsî'yi koruması gibidir. Gerekse Arş gibi olan insan rûhunu ve Kürsî gibi olan kalbini muhafaza etmesi gibidir. Böylece kul, gerek âlemin gerekse kendi varlığının daima Allah'ın rahmi içinde olduğunu yani korunduğunu idrak eder. Nesefî buyuruyor ki;
Büyük âlemde üç gök, üç yer vardır. Biri ceberut âlemine has yerler ve gökler, diğeri melekût âlemine has yerler ve gökler ki, Kur'an ceberut âleminden gönderilmiştir. İkinci âlemde ise Allah Rahmân sûretinde tecellî eder. Üçüncü gök ve yer mülk âlemine aittir ki *"Göklerde, yerde, göklerle yer arasında ne varsa O'nundur"* âyetiyle açıklanır. Burada yer huy demektir, yani mizaç. Çokluk âlemi buradadır. Onun da üç gök ve üç yeri vardır. Böylece toplam altı eder. Her gün bir mertebeyi anlatır. Gökleri ve yeri altı

275 Muhyiddin İbn Arabî, ***Tefsir-i Kebir Te'vilât*, c. 1**, s. 154
276 İsmail Hakkı Bursevî, ***Muhtasar Rûhu'l-Beyân Tefsîri*,** Damla Yayınevi, İstanbul 2010, c. 1, s. 443
277 Şemseddin Yeşil, ***Füyûzat***, Ş. Yeşil Kitabevi, İstanbul:2009, 5. Basım, c. 1, s. 276

günde yaratmış olmasının mânâsı budur. Yani kâmil insan dünyaya inerken üç gök ve üç yerden geçer, çıkarken de yine üç gök ve üç yerden geçer. Bu mânâ Allah'ın tüm bu makamları koruduğunu anlatır.

"Koruyucu olmazsa kevn olmaz. Nitekim yüce Allah, '*Onları koruyup gözetmek kendisine zor gelmez.*' (*Bakara, 255*) âyetinde mahlûkatının koruyucusu olduğuna dikkatlerimizi çekmiştir. Âyette '*hıfzuhumâ*' denilmiştir. Bu kelime 'hıfz' kökünden gelir ve 'hafız'ın (*koruyan*) aynısıdır."[278]

278 Muhyiddin İbn Arabî, ***Risaleler***, s. 277

el-Hafîz

Kenan er-Rifâî Hazretleri Câmî'nin *Besmele Şerhi*'ni şerhederken hıfz konusunu şöyle anlatır: Bismillâhirrahmânirrahîm; Bisim, Allah, er-Rahmân ve er-Rahîm'den ibarettir. Buradaki 'bisim', besen yani kâfiyim demektir. Bu da korku ve ümit ortasında isen ben senin muhafızınım yani seni hıfzederim demektir. Çünkü ben besen'de b, elif ve sin iken ulûhiyet, velâyet ve nübüvvet sırlarının sahibiyim. Yani lâhût *(ahadiyet),* ceberut *(vahdâniyet),* melekût *(melekler âlemi)* sahibiyim. Dolayısıyla bisim'in sırrıyla bu üç âlemde seni muhafaza ederim. Korku ve ümit zâhidler için, kabz ve bast yakın olanlar için, celâl ve cemâl insân-ı kâmiller içindir. Bu üç grubu da bu iki makam arasında korumaya alırım. Hz. Ali'nin kılıcı celâl tecellîsidir ki bu kabza işarettir. Hz. Muhammed ise Rahmân ve Rahîm tecellîsiyle cemâle işaret eder ki bu da basttır. Yani bast Hz. Muhammed'e, kabz Hz. Ali'ye işarettir. Bu iki sultanı birbirinden ayrı gören velâyeti idrak edemez. Zîra Hz. Ali'ye *(mürşit)* vâsıl olmadan Hz. Peygamber idrak edilemez. Nitekim Peygamber: *"Etin etim, rûhun rûhum, kanın kanım, cismin cismim, gözün gözümdür"* buyurmuştur.

Sözlük anlamı ile hafiz; "Her şeyden koruyan, saklayan, muhafaza eden anlamında Allah'ın en güzel isimlerindendir."[279]

"Kur'ân-ı Kerîm'de geçen Allah Teâlâ'nın isimlerindendir. Feîl vezni üzere olup Hâfız ismi şerîfinden daha mübalağalıdır. el-Hafîz, bütün hallerde kullarını, gökleri ve yeri koruyandır.

---

279 İlhan Ayverdi, ***Misalli Büyük Türkçe Sözlük***, Kubbealtı Neşriyatı, İstanbul 2005, c. 2, s. 1142

Allah Teâlâ *'Onları koruyup gözetmek kendisine zor gelmez. O, yücedir, büyüktür.' (Bakara, 255); 'Şüphesiz Allah gökleri ve yeri, nizamları bozulması diye tutuyor.' (Fâtır, 41)* buyurmaktadır.

Allah Teâlâ Kur'ân-ı Kerîm'i de tebdil *(değiştirilme)* ve tağyirden *(bozulma)* korumaktadır. O, Tevrat'ın korunması görevini Hz. Mûsâ'nın ümmetine tevdi etmiştir. Allah Teâlâ: *'Allah'ın Kitab'ını korumaları kendilerinden istendiği için Rablerine teslim olmuş zâhidler ve bilginler de (onunla hükmederlerdi).' (Mâide, 44)*. Onlar Tevrat'ı tahrif ettiler ve tebdil ettiler.

Allah Teâlâ bizim için Hz. Resûlullah'a (*s.a.s*) Kur'ân-ı Kerîm'i indirdi ve koruması görevini, ümmetine karşı '*Kur'ân'ı kesinlikle biz indirdik; elbette onu yine biz koruyacağız.*' (*Hicr, 9*) buyurarak kendi üstüne aldı.

Şüphesiz, Allah Teâlâ, ümmet-i Muhammed'i ve diğerlerini Kur'ân'ı tebdilden ve tağyirden korumuştur. Şayet bir kişi Kur'an harflerinin harekelerinden birisinde veya sükûnunda yanlışlık yapsa, bırakalım kıraat âlimlerini, binlerce çocuk dahi hatâsını söyler ve okuyuşunu inkâr eder.

Allah Teâlâ'nın, vasilerinin kalplerini mârifetin hâlisliği için çeşitli hevâ ve heveslerden koruması da Allah Teâlâ'nın hıfzındandır.

Allah Teâlâ'nın Benî Âdem'i belâlardan ve âfetlerden koruması için melekleri yaratmış olması da Allah Teâlâ'nın hıfzındandır.

Allah Teâlâ '*Onun önünde ve arkasında Allah'ın emriyle onu koruyan takipçiler (melekler) vardır.*' (*Ra'd, 11*) buyurmaktadır.

Kişinin kalbini korumasına karşılık Allah Teâlâ'nın kalbini koruması da Allah Teâlâ'nın korumasındandır. Kim Allah Teâlâ için Allah Teâlâ'nın hakkını korursa Allah Teâlâ da bu kişinin payını korur.

Hikaye olunduğuna göre:

Bir hırsız Râbiatü'l-Adeviyye'nin evine girdi ve Râbia uyur bir haldeyken O'nun çarşafını çaldı. Evden çıkmak istedi. Girmiş olduğu kapıyı bulamadı, şaşırdı. Örtüyü geri yerine bıraktı. Kapıyı gördü. Bunu defalarca tekrarladı. Örtüyle birlikteyken gaybdan bir ses şöyle nida etti: Biz onu koruyucuyuz. Bunun üzerine hırsız örtüyü bıraktı ve ayrılıp gitti.

Bu meyanda anlatılanların en ilginci, Mûsâ'nın (*a.s*) annesinin kıssasıdır. Hazreti Mûsâ'nın annesi sadık bir tevekkülle Allah Teâlâ'ya müracaat ettiğinde, bak, Allah Teâlâ buyruğunda da zikrettiği gibi, kendisine nasıl da ilham etmiştir: '*Mûsâ'nın anasına: Onu emzir.*' (*Kasas, 7*). Allah Teâlâ Mûsâ'nın (*a.s*) annesinin kalbini rapt altına almış ve onun için çocuğunu korumuş ve çocuğunu ona geri döndürmüştür."[280]

"el-Hafîz, varlık mertebelerini o mertebelerdeki zuhûruyla yok olmaktan koruyandır. Çünkü Hak varlık mertebelerinin hakîkatleri ile bu mertebelerin en yücesinde ve en düşüğünde, en yetkininde ve en eksiğinde, övüleninde ve yerileninde, Hakk'a ait olanlarında ve halka ait olanlarında tecellî eder. Hak böylece bu varlık mertebelerini onlarda bulunan kendi varlığı ile onları var etmesinden dolayı yok olmaktan ve yitip gitmekten meneder. Çünkü mertebe olmak bakımından varlık mertebeleri varlık sahibi değildirler. Ancak bu mertebelerin rablerinin varlığı ve bu mertebelerin içine girmeleri ile varlık sahibi olurlar. Mertebelerin rableri yok olduğunda ise mertebeler kaybolur.
Bu isim ilâhî fiillerin sıfatlarının isimlerinden biridir. Bu ismin sıfatı ise hıfzdır. Hıfz, ilâhî isimlerin ve sıfatların eserlerine ait ilâhî himayeden ibarettir. Öyle ki, bir ilâhî isim veya sıfatın, diğerinin eserini izhar etmesine mânî olmayacak şekilde gerçekleşir. Çünkü Allah Teâlâ'nın birbirine zıt isimleri vardır. Eğer onların bir kısmını diğer bir kısmından menetmese bir kısmının nûru diğer bir kısmının nûrunu silerdi ve birbirine zıt olan isimler tamamen yok edilirdi."[281]

"el-Hafîz, kulu için 'tevfîk'ini muhafaza eden, teyidiyle nimetlerini üzerine yayan kimse demektir. Bunun yanı sıra o, mâdûmun yokluğunu, mevcûdun mevcutluğunu muhafaza edendir."[282]

---

280 Abdülkerîm Kuşeyrî, ***Şerh-i Esmâillahi'l Hüsnâ, O'nun Güzel İsimleri***, İlk Harf Yayınevi, İstanbul 2011, s. 109-110
281 Abdülkerîm Cîlî, ***Hakîkat-i Muhammediyye***, s. 109
282 Sadreddin Konevî, ***Esmâ-i Hüsnâ Şerhi***, s. 127

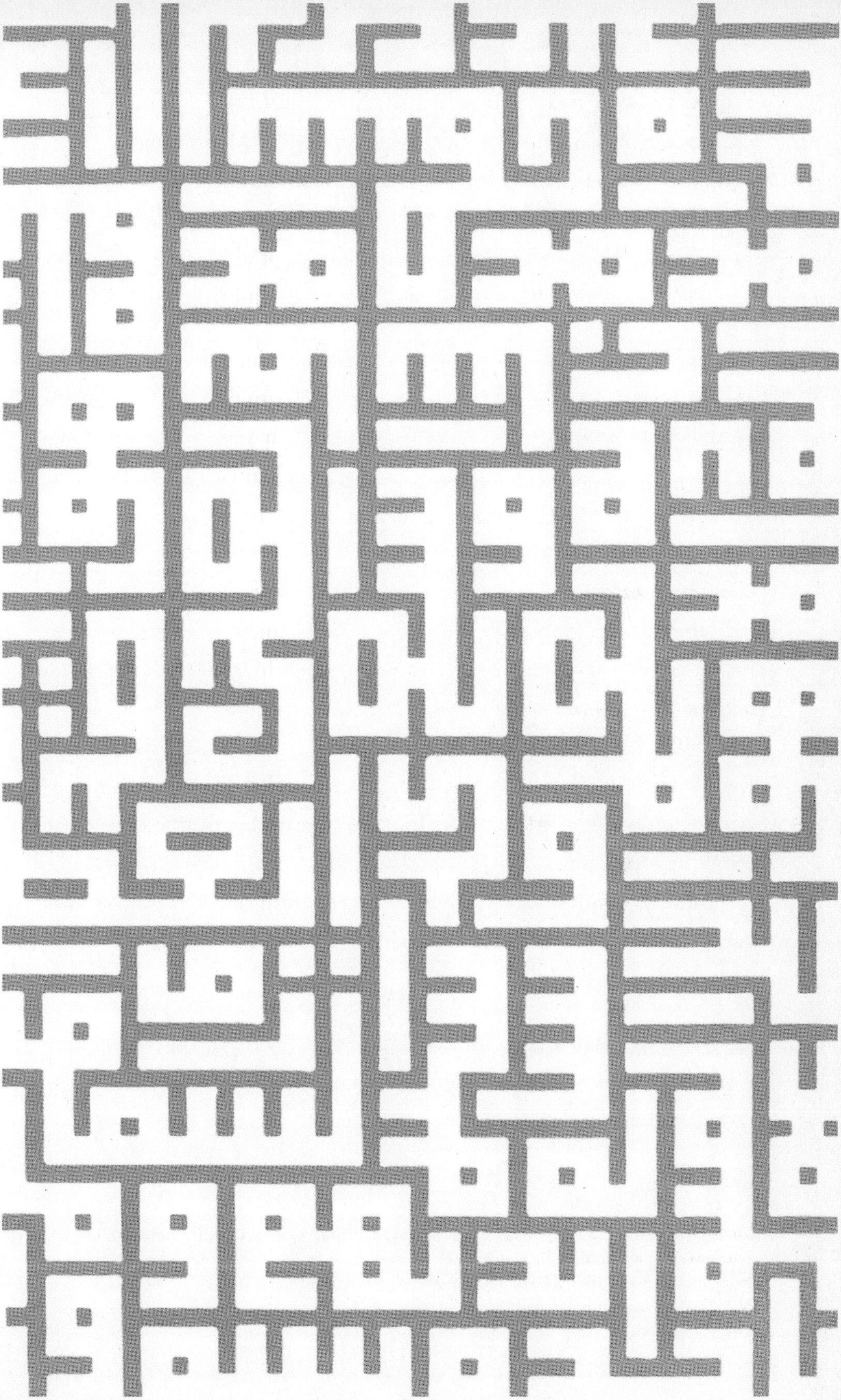

ve huvel aliyyul azîm

Aliyy'dir O, çok yücedir. Azîm'dir O, çok büyüktür.

"'*O şânı yüce Allah pek yüksek, pek büyüktür.*' Biricik yüce, biricik ulu olan ancak O'dur. Bu bakımdan bundan başka gerçek bir ilâh nasıl mümkün olur? Ve buna karşı başkalarına tapılıp da şefâatleri nasıl umulur? Ve böyle yapan kâfirler ne kadar bedbahttır!"[283]

"Kısaca, ey Allah'ın kulları! Zât-ı Ahadiyyet mârifeti sizin gücünüz ve kuvvetiniz dahilinde değildir. *O, Alî'dir (yüce), Azîm'dir (büyük).* O, akıl sahiplerinin aklının kendisini idrak etmesinden yüce ve belâgat sahibi kimselerin dillerinin kendisini vasfetmesinden, tanımlamasından münezzehtir, yokluk safhalarının üzerine uzanmış olan isim ve sıfatların eserleriyle azîmdir, büyüktür. O kendi zâtında sırf zâtî vahdeti ile vâhiddir. Bundan öteye Allahu Teâlâ'nın azametinden ve celâlinden başka bir söz yoktur."[284]

"O '*Aliydir*' O'nun şânı yücedir. O'ndan yüce hiçbir şey yoktur. O her şeyin üstündedir. Her şeyi yok ederek kahreder.
'*Azîmdir*' Azametinin künhü tasavvur edilemez. Herhangi bir şey için tasavvur edilen bütün büyüklükler, O'nun azametinden bir sızıntıdır. Her büyük, O'nun büyüklüğünden bir nasiple büyüktür. O'nun bahşettiği bir hisseyle azîmdir. Mutlak azamet sadece O'nundur, başkasının değil. Daha doğrusu bütün azamet sadece O'nundur, başkasının

---

283 Elmalılı M. Hamdi Yazır, ***Hak Dini Kur'an Dili***, sad. Prof. Dr. İsmail Karaçam, Yrd. Doç. Dr. Emin Işık, Yrd. Doç. Dr. Nusrettin Bolelli, Abdullah Yücel, Yayıncı Zehraveyn, İstanbul 2011, c. 2, s. 157

284 Abdülkâdir Geylânî, ***Geylânî Tefsiri***, c. 1, s. 239-240

azamette bir nasibi yoktur. Bu âyet anlamının, delâletinin büyüklüğünden dolayı Kur'ân'ın en büyük âyetidir." [285]

"'*O çok yücedir.*' Zâtı itibariyle her şeyden, eş ve benzerlerden yücedir, münezzehtir. '*Çok büyüktür.*' O'ndan başka her şey O'na nispetle ve oranla küçük ve önemsizdir."[286]

"Zîra O, hadd-i zâtında pek büyüktür, Âlî ve Azîm ancak O'dur. O'nun azameti karşısında akıllar hayrette kalır, lisanlar O'nu tavsif edemez!"[287]

285 Muhyiddin İbn Arabî, ***Tefsir-i Kebir Te'vilât*, c. 1**, s. 153-154

286 İsmail Hakkı Bursevî, ***Muhtasar Rûhu'l-Beyân Tefsîri,*** Damla Yayınevi, İstanbul 2010, c. 1, s. 443

287 Şemseddin Yeşil, ***Füyûzat***, Ş. Yeşil Kitabevi, İstanbul:2009, 5. Basım, c. 1, s. 275-276

el-Aliyy

"Alî: Mutlak yüce, en yüce mertebede olan, üstünde hiçbir derece bulunmayan mânâsına Allah'ın en güzel isimlerindendir."[288]

"Allah Teâlâ'nın yüceliği, yön ululuğu ve büyüklüğü de cüsse büyüklüğü değildir. Allah Sübhanehu ve Teâlâ bundan münezzehtir; aksine Allah Teâlâ'nın yüceliği/ulüvluğu celâl ve Kibriyâ sıfatlarını hak etmesidir. Bu tefsire göre; Allah Teâlâ sürekli âlidir ve alîdir."[289]

"el-Aliyy, en yüksek varlık mertebesinde kendisinden başka bir varlık kendisine ortak olmayandır. En yüksek varlık mertebesi, kemâlî mânâlardan ibarettir ki, varlığı zorunlu olanın zâtı için mertebe bakımından ilâhlık sıfatı bunları gerektirir. Çünkü kulluğun hakîkati üzerinde hakimiyet konusundaki en yüksek varlık mertebesi, rubûbiyetin hakîkatine aittir. Ancak bu durum kulluk mertebesindeki taayyün ve zuhur bakımından değildir. Çünkü Rab diye isimlendirdiği mertebede zâhir olan Allah Teâlâ olduğu gibi kul diye isimlendirdiği mertebede de zâhir olan Allah'tır. Şu halde, bu iki mertebe arasındaki varlık mertebesi üstünlüğü, bu mertebede zâhir olan bakımından değil de hakîkati bakımından rubûbiyet mertebesine aittir. Düşük mertebe ise yine bu mertebede zâhir olan bakımından değil de hakîkati bakımından kulluk mertebesine aittir. Çünkü bu iki mertebede de zuhur eden birdir. Yükseklik ve düşüklük varlık mertebelerinin hükümlerinden kaynaklanmakta olup zâtlarından kaynaklanmamaktadır. O halde düşün, inşallah!"[290]

288 İlhan Ayverdi, ***Misalli Büyük Türkçe Sözlük***, Kubbealtı Neşriyatı, İstanbul 2005, c. 1, s. 105
289 Abdülkerîm Kuşeyrî, ***Şerh-i Esmâillahi'l Hüsnâ, O'nun Güzel İsimleri***, İlk Harf Yayınevi, İstanbul 2011., s. 107
290 Abdülkerîm Cîlî, ***Hakîkat-i Muhammediyye***, s. 106

el-Azîm

"Azîm: Aklın ve hayalin alamayacağı, gözün göremeyeceği kadar sonsuz büyük ve azametli mânâsında Allah'ın en güzel isimlerindendir."[291]

"el-Azîm, zâtının niteliklerinin mertebesi yüce olan ve sıfatlarının celâl ve kibriyâsındaki nihayetin sınırını aşandır. Bu isim ilâhlık sıfatlarındandır. Bu ismin sıfatı ise azamettir. Azamet, ilâhî kemâllerin tecellî olarak kapsanmasından ibaret olan bir ilâhî tecellîdir. Bu tecellîye zâtî iktizâ dolayısıyla Hakk'ın dışında kimsenin gücü yetmez. Çünkü bu tecellî zâtın zattan dolayı meydana gelen iktizâsından kaynaklanır."[292]

"İşi/şe'ni âriflerin kalplerine iliştiği için yüce olan demektir. O'nun izzetinin tecellîlerini idrakten âriflerin basîretleri âciz kalmış, kudretinin yüceliğini nitelemekten diller lal kesilmiştir.
Bilinmelidir ki:
Azamet makamında duran kimse, ya mümindir veya müşâhede sahibidir. Şöyle ki: Bir şey, kendisine nispet edilen iktidara tek başına sahip olması ve hükümlerinin yerine gelmesi ölçüsünde yücelir. Buna göre Hakk'ın büyüklüğü ve iktidarı, hükmünün hiç kimsenin reddedemeyeceği ve emrinin karşısında hiçbir şeyin duramayacağı ölçüde büyük olunca, bunun kalplerde gerçekleşmesi pek yüce olmuş, böylece bu, hayret ve dehşete neden olmuştur. Böylelikle Hakk'ın büyüklüğü ile îman ehlinin kalplerinde zuhur etmesi, onların ilâhî isimlerin eserlerini bilmelerine göre gerçekleşmiştir. Buna göre her kim Hakk'ın sıfatlarını daha kâmil bilirse, azamet tecellîlerinin kalbindeki parlamaları daha

291 İlhan Ayverdi, ***Misalli Büyük Türkçe Sözlük***, Kubbealtı Neşriyatı, İstanbul 2005, c. 1, s. 243
292 Abdülkerîm Cîlî, ***Hakîkat-i Muhammediyye***, s. 101

yetkin olur. Bu nedenle Hz. Peygamber, şöyle demiştir: '*Ben sizin aranızda Allah'ı en çok bilen ve O'ndan en çok korkanınızım.*'"[293]

Âyetü'l-Kürsî'nin tamamı Allah'ın kulunu hıfzetmesini anlatmaktadır. Allah kulunu onun hiçliğini ve kendi büyüklüğünü göstererek korur. Âyetü'l-Kürsî kalplere dirilik verir. Îmanı zaaftan korur. Tevhid konusunda bizi muhafaza eyler. Âyeti okudukça îman güçlenir, îman güçlendikçe Âyetü'l-Kürsî, eman hikmetiyle bizi hıfzeder, tevhid ve ihlâs sırrını kalplere ilkâ eder.

Âyetü'l-Kürsî'de "lâ ilâhe illallah", "hayy", "kayyûm", "alâ" ve "azîm" sırları vardır. Okuyana ve okunana nefis perdesini inceltir ve yok eder, insanları ibâdete sürükler. İnsanı vesveseden kurtarır. Kalbimizdeki para, çevre, benlik putlarını kırar. Her türlü şerden insanı korur. Kadere îman etmediğimiz zamanlarda tevbe yerine okunur. Sıkıntısı olan ya da bir âfetle karşılaşan Fâtiha ve Âyetü'l-Kürsî'yi birlikte okumalıdır. Çünkü Allah kendisine özellikle kendi cümleleriyle duâ edilmesini sever:

"Yâ Dâvud, o kimdir ki: Bana duâ eder de duâsını kabul etmem? Kapımın çalana açılmadığını kim görmüş? Bütün kullarımın arzu ettiklerini ben veririm. Onların her istediği, bende mevcuttur.
Ey Dâvud, neden kulum benden kaçar? Halbuki onu:
Bana gel, bana gel.
Diye çağırıyorum. Bütün ümitlerin yeri benim. Ben âşıklarımın kalbini tarafıma uçururum. O, kalpleri, yeryüzünde nazargâh kıldım. O kalpleri, bana daha yanaşsın ve bana ziyade iştiyak duysunlar diye, her yandan boşalttım; zâtım için kıldım.
Yâ Dâvud, sevgililerimi, dostlarımı müjdele: Onlara, her an ve her zaman nimetlerimi gönderiyorum. Gönül sanatlarımın inceliklerini görüyorlar. Bunun sebebi de: Bana şükretmeleri ve beni unutup başkasına meyil etmemeleridir.

293 Sadreddin Konevî, ***Esmâ-i Hüsnâ Şerhi***, s. 116-117

Onlara haddinden fazla iştiyak duygusu veriyorum ki: Bir an bile bensiz olmayalar.
Onlara ünsiyet kapılarımı açtım. Bana duâ etmeden arzularını yerine getirdim. Benden bir istekte bulunmadan dahi, her istediklerimi verdim.
Ey Dâvud, izzetime, celâlime yemin olsun ki: Onları Firdevs cennetime oturtacağım. Rüyet halime erdireceğim. Tâ, ben onlardan, onlar da benden râzı oluncaya kadar böylece iyiliklerini onlara yağdıracağım.
Yâ Dâvud, yeryüzünde olanlara haber sal: Beni sevenlerin sevgilisiyim. Meclislerinde benimle olmak isteyenlerle beraberim. Benimle ünsiyet etmek isteyenlerin can yoldaşıyım. Emirlerime itaat yolunda olanlara mutî sıfatımı tecellî ettiririm. Beni başkalarına tercih edenleri seçerim.
Kullarıma söyle: Sohbetime koşsunlar. Can yoldaşlığımı arasınlar. Yakınlığımı, sevgimi bulsunlar.
Ey Dâvud, sevdiğinden bir şey saklayan sevgili gördün mü hiç?
Yâ Dâvud, iyilerin bana şevki artar. Benim de onlara olan sevgim her an artmaktadır. Ayık ol, beni arayan bulur. Benden başkasını arayan beni yitirir.
Ey Dâvud, kulumun en çok işi, benim iştiyakım ve sevgim olursa, onun bütün rahatını benim zikrimle kılarım. Onu seven olurum. Benimle onun arasında mesafe kalmaz. Perdeyi aralarım. Ben onu severim; o da beni sever. İnsanlar gaflet içinde oldukları zaman, o ayık olur. Herkes beni unuttuğu zaman, o, gafleti bir yana atar. Bunlar tam hakîkat ehli olmuşlardır.
Yâ Dâvud, beni ararsan bulursun. Sebepleri sana bildiririm. Beni bulduktan sonra hiçbir hak talep etmem. Benden başkasını ararsan, sebeplerle uğraşırsan, üzerinde olan bütün haklarımı isterim.
Ey Dâvud, sevgimi, kalbi ve dili ile zikredene verdim. Sevgimi, beni unutmayanın kalbine koydum. Bana göre, gafletten daha kötü bir şey yoktur. Bütün noksanlık unutkan olmaktadır.

Yâ Dâvud, işlerinde beni bilirsin, ben de seni bilirim. Benden râzı olursan ben de senden râzı olurum. Verdiklerime şükredersen iki cihanda şah olursun.
Ey Dâvud, verdiğimiz belâlara sabretmesini bilmeyenler, bizden bir talepte bulunmasınlar.
Yâ Dâvud, ben bir kulu sevince: Onun kalbini, korkumla dolu kılarım. Bana kavuşmak için şevk sahibi yaparım. Bundan sonra; o kul, tâatıma candan koşar.
Ey Dâvud, dostlarım kubbelerimin altındadırlar. Onları ancak sevdiklerim tanırlar. Onlara saadetler olsun. Sevdiklerime saadet yolları açık olsun.
Yâ Dâvud, beni unutanı dahi unutmam; beni daima anan kimseyi unutmama imkân var mı? Ben, cimrilere bile bolca ihsan ederken, nasıl olur da cömertlere cimrilik ederim.
Ey Dâvud, beni sevmeyenleri bile hoş görürüm; beni sevenlere nasıl olur da dargın olurum?
Yâ Dâvud, dilek dileyen kullarıma müjdele: Ben merhametliyim; kullarıma acırım.
Ey Dâvud, her seven, sevdiği ile olmak ister. Ben, kullarımın kalbini bilirim. Sevdiklerimin kalbinde benden başka olanı görüp bildiğimi hatırlasınlar. Beni anmaktan tat alanlara söyle: Benden daha iyi bir Rab bulabilirler mi?
Yâ Dâvud, beni severek kulluk yapanı cennetime koyarım. Bana kulluk etmeyen de beni sevmiyor sayılır. Onu da ateşe atarım. Bütün dargınlık halimi onun üzerine salarım.
Ey Dâvud, bana ancak arzu edenler yakın olurlar. İzzetime, celâlime yemin ederim ki: Bu böyledir.
Yâ Dâvud, gecelerini sabahlara kadar, ibâdet etmeden uyku ile geçirenler, beni sevdiklerini iddia ederlerse, onlara yalan dediklerini hatırlat.
Ey Dâvud, beni bilen ister; isteyen de arar; arayan da bulur. Bulduktan sonra, başkasından hoşlanmaz, benimle olur.

Yâ Dâvud, beni arayanı öldürürüm. Seveni belâlara sokarım. Benden kaçmak isteyeni de yakarım.

Ey Dâvud, günahkârlara: Benim gafur olduğumu söyle, doğrulara da: Benim gayyur olduğumu anlat.

Yâ Dâvud, korkarak bana gelenlere azap etmem. Beni severek geleni ayrılık hüznüne sokmam. Utanarak bana döneni, kıyâmet günü utandırmam.

Ey Dâvud, cennetim, rahmetimden ümidi kesik olmayanlaradır. Yaptığı hatâyı benim bağışlamamdan büyük bilenlere darılırım.

Bir kimsenin cezâsını derhal vermeyi dilersem; önce rahmetimden ümit kesenleri cezâlandırırım. Ama acele etmek benim şânıma yakışmaz.

İşte ben, sevdiklerimin kalbini bilirim. Gece olunca, onların kalbine tecellî ederim. Onlar, benimle konuşurlar. Huzur içinde kelâm ederler.

Yâ Dâvud, benim bir kısım kullarım vardır ki: Onlar hayra ehildir. Benimle can yoldaşı olmak onlara nasip olmuştur. Onlara saadetler olsun. Onların yeri ne kadar güzeldir."[294]

294 Ahmed er-Rifâî, ***Onların Âlemi,*** s. 296-299

KAYNAKÇA

Arabî, Muhyiddin İbn, ***Risaleler***, ter. Vahdeddin İnce, Kitsan Yayınları, İstanbul, c. 1.

Arabî, Muhyiddîn-i, ***Şeceretü'l Kevn-Üstün İnsan***, çev. Abdülkâdir Akçiçek, Bahar Yayınları, İstanbul 2000.

Arabî, Muhyiddîn-i, ***Şeceretü'l Kevn***, Alperen Yayınları, Ankara 2005.

Arslan, Turan, ***Diyanet İşleri Ansiklopedisi***, c. 11.

Ayverdi, İlhan, ***Misalli Büyük Türkçe Sözlük***, Kubbealtı Neşriyatı, İstanbul 2005, c. 1.

Ayverdi, Sâmiha – Erol, Safiye – Araz, Nezihe – Huri, Sofi, ***Ken'an Rifâî ve Yirminci Asrın Işığında Müslümanlık***, Kubbealtı Neşriyatı, İstanbul 2003, 5. Baskı.

Buhârî, ***Vekâlet***,10

Bursevî, İsmail Hakkı, ***Muhtasar Rûhu'l-Beyân Tefsîri***, Damla Yayınevi, İstanbul 2010, c. 1.

Cîlî, Abdülkerîm, ***Hakîkat-i Muhammediyye***, çev. Muhammed Bedirhan, Nefes Yayınları, İstanbul 2010, 1. Baskı.

Çetin, Mustafa, ***Diyanet İşleri Ansiklopedisi,*** c. 4.

Çiftçi, Doç. Dr. Hasan, ***Şeyh Ebu'l Hasan-ı Harakanî***, c. 1 (Hayatı Eserleri), Şehit Ebu'l Hasan Harakanî Derneği Yayınları 2, Kars.

Dikmen, Mehmet, ***Peygamberimizden 365 Hadîs-i Şerif***, Sevgi Yayınları, İstanbul, 2002.

el-Cîlî, Abdü'l-kerîm b. İbrahim, ***Besmele'nin Şerhi***, ter. Seyyid Hüseyin Fevzî Paşa, Kitsan Yayınları, İstanbul 1996.

el-Cîlî, Abdü'l-kerîm b. İbrahim, ***İnsân-ı Kâmil***, ter. Seyyid Hüseyin Fevzî Paşa, Kitsan Yayınları, İstanbul, c. 1.

el-Hakîm,Suad, ***İbnü'l-Arabî Sözlüğü***, çev. Ekrem Demirli, Kabalcı Yayınevi, İstanbul 2005, 1. Baskı.

en-Nablusî, ***Abdülganî, Âriflerin Tevhidi,*** çev. Ekrem Demirli, İz Yayıncılık, İstanbul 2009, 2. Baskı.

er-Rifâî, Ahmed, ***Mârifet Yolu***, haz. H. Kamil Yılmaz, Erkam Yayınları, İstanbul: 1995.

er-Rifâî, Ahmed, ***Onların Âlemi***, çev. Abdülkâdir Akçiçek, Bahar Yayınları, İstanbul 1996.

Ersoy, Mehmet Âkif, ***Kur'an Meali***, Mahya Yayınları, İstanbul 2012, 1. Baskı.

Gazâlî, **İhyâu Ulûmi'd-dîn** 1/539

Geylânî, Abdülkâdir, ***Fütûhu'l Gayb***, ter. Abdülkâdir Akçiçek, Alperen Yayınları, Ankara 2001, 1. Basım.

Geylânî, Abdülkâdir, ***Geylânî Tefsiri***, Ceylani İlim Araştırma ve Yayın Merkezi, İstanbul, 2012, 1. Baskı, c. 1.

Güllüce, Dr. Hüseyin, ***Kur'an Tefsîri Açısından Mesnevî***, Ötüken Neşriyat, İstanbul, 1999.

İbn Arabî, ***Fütûhât-ı Mekkiyye***, çev. Ekrem Demirli, Litera Yayıncılık, İstanbul 2006, c. 1.

İbn Arabî, ***Fütûhât-ı Mekkiyye***, çev. Ekrem Demirli, Litera Yayıncılık, İstanbul 2007, c. 6.

İbn Arabî, ***Fütûhât-ı Mekkiyye***, çev. Ekrem Demirli, Litera Yayıncılık, İstanbul 2006, c. 4.

İbn Arabî, ***Tefsir-i Kebir Te'vilât***, Kitsan Yayınları, İstanbul, tarihsiz, c. 1.

İlâhiyât-ı Ken'an, haz. Yusuf Ömürlü, Dinçer Dalkılıç, İstanbul 1988.

Kâşânî, Abdürrezzak, ***Tasavvuf Sözlüğü***, çev. Dr. Ekrem Demirli, İz Yayıncılık, İstanbul 2004.

Konevî, Sadreddin, ***Esmâ-i Hüsnâ Şerhi***, ter. Ekrem Demirli, İz Yayıncılık, İstanbul, 2004, 2. Baskı.

Konevî, Sadreddin, ***Tasavvufi Yorumlarıyla Kırk Hadis***, çev. Harun Ünal, Vahdet Yayınevi, İstanbul, tarihsiz.

Konevî, Sadreddin, ***Vahdet-i Vücut ve Esasları***, çev. Ekrem Demirli, İz Yayıncılık, İstanbul 2004.

Kuşeyrî, Abdülkerîm, ***Şerh-i Esmâillahi'l Hüsnâ, O'nun Güzel İsimleri***, İlk Harf Yayınevi, İstanbul 2011.

Metinlerle Tasavvuf Terimleri Sözlüğü, Kalem Yayınevi, İstanbul 2006, 1. Baskı.

Mevlânâ, ***Fîhi MâFîh***, çev. Meliha Ülker Tarıkâhya, Millî Eğitim Basımevi, İstanbul 1985.

Nesefî, Azizüddin, ***Tasavvufta İnsan Meselesi İnsân-ı Kâmil***, çev. Mehmet Kanar, Dergâh Yayınları, İstanbul 1990, 1. Baskı.

Pilavoğlu, M. Kemal, ***Büyük Velî Muhyiddîn-i Arabî Hazretleri***, Pilavoğlu Kitabevi, Ankara 1991, 3.Baskı.

Rifâî, Ken'an, ***Sohbetler***, Kubbealtı Neşriyatı, İstanbul 2000, 2. Baskı.

Rifâî, Ken'an, ***Şerhli Mesnevî-i Şerif***, Kubbealtı Yayınevi, İstanbul: 2000, 2. Baskı.

Rifâî,Ken'an, ***Seyyid Ahmed er-Rifâî***, Cenan Eğ.Kül.Sağ.Vakfı Neşriyatı, İstanbul 2008, 1. Baskı.

Sargut, Cemâlnur, ***Bakara 2***, Nefes Yayınları, İstanbul 2009.

Sargut, Cemâlnur, ***Bakara 3-İnsân-ı Kâmil'in Hakîkati***, Nefes Yayınları, İstanbul 2012.

Sultan Veled, ***İbtidâ-nâme***, çev. Abdülbâkî Gölpınarlı, Konya ve Mülhakatı Eski Eserleri Sevenler Derneği Yayını, Konya 2001.

Sultan Veled, ***Maârif***, çev. Meliha Anbarcıoğlu, Konya ve Mülhakatı Eski Eserleri Sevenler Derneği, Konya 2002.

Sultan Veled, ***Rebabnâme***, T.C. Konya Valiliği İl Kültür ve Turizm Müdürlüğü, İstanbul 2011.

Tirmizî, ***Sevabul-Kur'an*** 2, (2881)

Tokadî, Musa b. Şeyh Tahir, Bursevî, İsmail Hakkı, Velî, Hacı Bektaş, Arabî, Muhammed Nûr'ul, ***Gayb Bahçelerinden Seslenişler***, İnsan Yayınları, İstanbul 2012, 2. Baskı.

Yazır, Elmalılı M. Hamdi, ***Hak Dini Kur'an Dili***, sad. Prof. Dr. İsmail Karaçam, Yrd. Doç. Dr. Emin Işık, Yrd. Doç. Dr. Nusrettin Bolelli, Abdullah Yücel, Yayıncı Zehraveyn, İstanbul 2011, c. 2.

Yazır, Elmalılı M. Hamdi, ***Kur'ân-ı Kerîm Meali***, sad. Yrd. Doç. Lütfullah Müftüoğlu, Murat Haliloğlu, Tuva Yayın, İstanbul 2010, 33. Baskı.

Yeşil, Şemseddin, ***Füyûzat***, Ş. Yeşil Kitabevi, İstanbul:2009, 5. Basım, c. 1.

ÂYET DİZİNİ

GENEL DİZİN

A

B

C

D

E

F

G

H

I/İ

K

U/Ü

V

Y

Z